新能源汽车维修
从入门到精通

（彩色图解＋视频）

东莞市凌泰教学设备有限公司　组编
杜慧起　主编

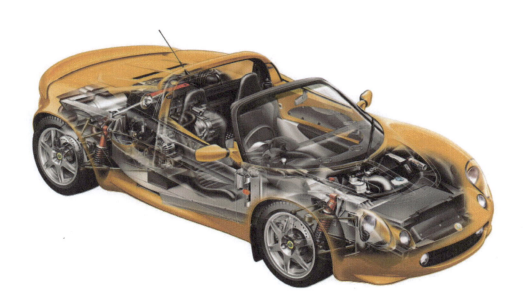

本书首先以彩色高清大图的形式详细解读了目前主流新能源汽车整车及各系统的基本组成和工作原理；随后对各系统常见维修要点进行了图解，图中重点标注拆装更换要点；最后，精选各系统的常见故障的诊断和排除方法进行具体讲解，力争做到结构原理、拆装更换、故障排除三位一体、有机结合。

本书选择的车型均为目前各主流品牌常见新能源车型，高端车型有宝马530Le插电式混动、宝马X1插电式混动、宝马i8/i3纯电动、奔驰S400混动、S500混动等；中端车型选择普锐斯混动、本田雅阁/思铂睿混动、大众途观L PHEV、丰田雷凌/卡罗拉混动、通用别克Velite 5等；自主品牌车型选择了北汽（EV200/160、EU260等）、比亚迪（e5、秦EV等）、吉利（EV300、EV450等）、江淮、众泰、知豆、奇瑞、长安、广汽等。

本书可供汽车维修行业从业人员学习新能源汽车结构原理与检测维修技术使用，也可以作为各类汽车院校新能源汽车专业教学参考书，同时还适合对新能源汽车感兴趣的汽车爱好者阅读使用。

图书在版编目（CIP）数据

新能源汽车维修从入门到精通：彩色图解＋视频／杜慧起主编；东莞市凌泰教学设备有限公司组编．—北京：机械工业出版社，2019.6（2025.1重印）
ISBN 978-7-111-62636-7

Ⅰ．①新… Ⅱ．①杜… ②东… Ⅲ．①新能源–汽车–车辆修理–图解 Ⅳ．① U469.707-64

中国版本图书馆CIP数据核字（2019）第082185号

机械工业出版社（北京市百万庄大街22号 邮政编码100037）
策划编辑：杜凡如　责任编辑：杜凡如
责任校对：刘雅娜　责任印制：郜　敏
中煤（北京）印务有限公司印刷
2025年1月第1版第6次印刷
184mm×260mm · 15印张 · 350千字
标准书号：ISBN 978-7-111-62636-7
定价：89.00元

电话服务　　　　　　　网络服务
客服电话：010-88361066　机 工 官 网：www.cmpbook.com
　　　　　010-88379833　机 工 官 博：weibo.com/cmp1952
　　　　　010-68326294　金 书 网：www.golden-book.com
封底无防伪标均为盗版　机工教育服务网：www.cmpedu.com

面对全球范围内日益严峻的能源形势和环保压力，世界主要汽车生产厂家均开始大力研发新能源汽车，各生产国也把发展新能源汽车作为提高产业竞争力、保持经济可持续发展的重大举措。"中国制造 2025"和"十三五"规划把发展新能源汽车列为国家战略新兴产业，并对新能源汽车研发、生产、购买、充电设施等上下游产业均给与了政策扶持。

在内外部环境积极的引领下，我国新能源汽车呈现出了一片繁荣的景象，以北汽、比亚迪、吉利、江淮、荣威等为代表的国产厂商都在大力推广新能源汽车。据中国汽车工业协会统计，2023 年，中国新能源汽车产销量分别达到 958.7 万辆和 949.5 万辆。新能源汽车保有量的增长对汽车后市场服务水平提出了新要求，汽车检测与维修、维护与保养从业人员必须尽快掌握新能源汽车的结构原理与维修、维护方法。鉴于此，我们组织编写了《新能源汽车维修从入门到精通（彩色图解＋视频）》一书。

本书首先以彩色高清大图的形式详细解读了目前主流新能源汽车整车及各系统的基本组成和工作原理；随后对各系统常见维修要点进行了图解，图中重点标注拆装更换要点，使读者能更清晰准确地定位目标；最后，精选了各系统的常见故障的诊断和排除方法进行具体讲解，力争做到结构原理、拆装更换、故障排除三位一体、有机结合。

本书选择的车型均为目前各品牌常见新能源车型，高端车型有宝马 530Le 插电式混动、宝马 X1 插电式混动、宝马 i8/i3 纯电动、奔驰 S400 混动、S500 混动等；中端车型选择普锐斯混动、本田雅阁/思铂睿混动、大众途观 L PHEV、丰田雷凌/卡罗拉混动、通用别克 Velite 5 等；自主品牌车型选择北汽（EV200/160、EU260 等）、比亚迪（e5、秦 EV 等）、吉利（EV300、EV450 等）、江淮、众泰、知豆、奇瑞、长安、广汽等。

本书可供汽车维修行业从业人员学习新能源汽车结构原理与检测维修技术使用，也可以作为各类汽车院校新能源汽车专业教学参考书，同时还适合对新能源汽车感兴趣的汽车爱好者阅读使用。

本书由东莞市凌泰教学设备有限公司组织编写，杜慧起任主编，参加编写还有蔡晓兵、陈文韬、徐永金、于海东、蔡志海、邓冬梅。

由于编者水平有限，书中难免有不足和错误之处，敬请广大读者批评指正。

编　者

目录

前言

第1章 新能源汽车基础 1

1.1 新能源汽车定义及分类 2
1.1.1 新能源汽车概述 2
1.1.2 新能源汽车基本结构组成 3

1.2 新能源汽车高压安全与防护 12
1.2.1 高压电 12
1.2.2 新能源汽车高压系统特点 13

1.3 新能源汽车常用维修工具 14
1.3.1 防护与绝缘工具 14
1.3.2 绝缘工具的检查 15

第2章 新能源汽车动力电池 20

2.1 新能源汽车动力电池分类及工作原理 21
2.1.1 动力电池的概述及基本性能参数 21
2.1.2 动力电池的类型及基本工作原理 22

2.2 常见新能源汽车动力电池 25
2.2.1 北汽电动汽车 25
2.2.2 吉利电动汽车 26
2.2.3 众泰电动汽车 27
2.2.4 比亚迪新能源汽车 29
2.2.5 广汽传祺电动汽车 31
2.2.6 江淮电动汽车 33
2.2.7 荣威电动汽车 34
2.2.8 宝马电动汽车 36
2.2.9 通用电动汽车 42
2.2.10 丰田混合动力汽车 42
2.2.11 本田混合动力汽车 45
2.2.12 奥迪混合动力汽车 46
2.2.13 保时捷混合动力汽车 47
2.2.14 大众插电混合动力汽车 48

2.3 动力电池管理系统 49

2.4 动力电池系统的检查及零部件更换 54
2.4.1 安全注意事项 54
2.4.2 比亚迪秦动力电池模组的拆卸与单独充电 55
2.4.3 吉利电动汽车动力电池拆装 60

2.5 动力电池系统常见故障诊断与排除 62
2.5.1 典型车系动力电池故障诊断 62
2.5.2 常见车型动力电池故障维修实例 65

第3章 高压配电系统 73

3.1 高压配电系统基本作用与原理 74

3.2 常见新能源汽车高压配电系统 75
3.2.1 荣威 eRX5 PHEV 75
3.2.2 吉利帝豪 GSe 77
3.2.3 吉利帝豪 PHEV 80
3.2.4 吉利帝豪 EV300/EV450 81
3.2.5 北汽 EV200 83
3.2.6 北汽 EU260 84
3.2.7 比亚迪 e5/ 秦 EV 85
3.2.8 长城 C30EV 87
3.2.9 长安逸动 PHEV 88
3.2.10 江淮 iEV6 89
3.2.11 别克 Velite 5 90
3.2.12 本田雅阁 / 思铂睿（混动版） 90
3.2.13 大众途观 L PHEV 92
3.2.14 丰田混动车型 93
3.2.15 宝马新能源车型 93
3.2.16 保时捷混动车型 94

3.3 高压配电系统检查及零部件更换 95
3.3.1 直流母线的更换 95
3.3.2 驱动电机三相线束总成的更换 96
3.3.3 空调高压线束总成的更换 98

目 录

  3.3.4 PEU 线束的更换 99
3.4 高压配电系统常见故障诊断与排除 100
  3.4.1 高压配电系统症状、绝缘故障及回路导通性检查 100
  3.4.2 高压配电系统回路短路检查 102

第 4 章 驱动系统 105

4.1 新能源汽车驱动系统概述 106
  4.1.1 混合动力汽车驱动系统 106
  4.1.2 纯电动汽车驱动系统 111
4.2 驱动电机分类和基本原理 116
  4.2.1 电机的分类 116
  4.2.2 永磁同步电机结构 117
  4.2.3 永磁同步电机的工作原理 119
4.3 常见新能源汽车驱动电机 120
  4.3.1 吉利新能源汽车 120
  4.3.2 比亚迪新能源汽车 123
  4.3.3 广汽新能源汽车 123
  4.3.4 江淮新能源汽车 125
  4.3.5 宝马新能源汽车 125
  4.3.6 大众新能源汽车 129
4.4 电机控制器 130
  4.4.1 电机控制器概述 130
  4.4.2 电机控制器控制技术 131
4.5 常见新能源汽车电机控制器 133
  4.5.1 吉利新能源汽车 133
  4.5.2 长安新能源汽车 136
  4.5.3 荣威新能源汽车 139
  4.5.4 比亚迪新能源汽车 141
  4.5.5 众泰新能源汽车 144
  4.5.6 广汽新能源汽车 145
  4.5.7 北汽新能源汽车 145
  4.5.8 长城新能源汽车 148
  4.5.9 江淮新能源汽车 149
4.6 驱动系统零部件更换 152
  4.6.1 电机控制器的更换 152
  4.6.2 驱动电机的更换 154

4.7 驱动系统常见故障诊断与排除 ... 156
  4.7.1 驱动电机过速故障 156
  4.7.2 驱动电机过温故障 157
  4.7.3 驱动电机过电流警告故障 158
  4.7.4 驱动电机旋转变压器故障 159
  4.7.5 电机控制器过温故障 161
  4.7.6 驱动电机异响、强烈振动或转速和输出功率达不到要求 161
  4.7.7 驱动电机绝缘值的检查 165

第 5 章 冷却系统 166

5.1 动力电池冷却系统 167
5.2 驱动电机冷却系统 169
5.3 冷却系统检查维护及零部件更换 171
  5.3.1 电动冷却液泵（电机冷却系统）的更换 171
  5.3.2 电动冷却液泵（动力电池冷却系统）的更换 172
  5.3.3 散热器出水管的更换 173
  5.3.4 散热器进水管的更换 174
  5.3.5 电机控制器总成进出水管的更换 174
  5.3.6 冷却液检查及更换 175
5.4 冷却系统常见故障诊断与排除 ... 178

第 6 章 充电系统 179

6.1 新能源汽车充电形式 180
  6.1.1 直流快充 180
  6.1.2 交流慢充 180
  6.1.3 动力电池更换（换电） 181
6.2 新能源汽车充电系统组成 181
  6.2.1 充电接口 181
  6.2.2 车载充电机 184

6.3 常见新能源汽车充电系统......188
- 6.3.1 吉利新能源汽车......188
- 6.3.2 北汽新能源汽车......191
- 6.3.3 江淮新能源汽车......192
- 6.3.4 广汽传祺新能源汽车......194
- 6.3.5 比亚迪新能源汽车......196
- 6.3.6 长安新能源汽车......197
- 6.3.7 长城新能源汽车......197

6.4 新能源汽车充电系统零部件更换...199
- 6.4.1 直流充电插座的更换......199
- 6.4.2 交流充电插座的更换......201
- 6.4.3 车载充电机冷却液管路的更换......202

6.5 新能源汽车充电系统常见故障诊断与排除......203
- 6.5.1 充电连接和接地电路检查......203
- 6.5.2 车载充电机输出电压过高或过低......204
- 6.5.3 车载充电机过热故障......206
- 6.5.4 车载充电机过电流故障......206
- 6.5.5 充电系统故障症状表......208

第7章 新能源汽车电气系统......210

7.1 新能源汽车电路特点......211
- 7.1.1 新能源汽车电路组成......211
- 7.1.2 新能源汽车电路的基本特点......212

7.2 新能源汽车电路识读......213
- 7.2.1 吉利新能源车系电路图识读......213
- 7.2.2 荣威新能源车系电路图识读......218

7.3 新能源汽车电动空调、暖风系统...223
- 7.3.1 新能源汽车电动空调、暖风系统概述......223
- 7.3.2 常见新能源车型空调系统......225

7.4 新能源汽车电动转向系统......227

参考文献......232

本书视频资源

序号	名称	页码	序号	名称	页码
01	新能源汽车的概念与分类	2	11	减速、下坡时能量回收	8
02	新能源汽车的基本组成	3	12	新能源汽车高压安全与防护	12
03	新能源汽车电控制动系统	4	13	新能源汽车动力电池与管理系统	23
04	新能源汽车整车控制系统	4	14	新能源汽车高压配电系统	74
05	新能源汽车高压系统介绍	4	15	新能源汽车驱动系统	107
06	车辆再次起动及加速阶段	7	16	新能源汽车驱动电机及管理系统	117
07	混合动力汽车起步工况	7	17	新能源汽车冷却系统	167
08	混合动力汽车正常行驶工况	7	18	新能源汽车充电系统	181
09	高负载高速巡航工况	8	19	新能源汽车电动空调系统	224
10	轻负载高速巡航及超车	8	20	新能源汽车电动转向系统	228

第 1 章 新能源汽车基础

Chapter 1

1.1　新能源汽车定义及分类　　2

1.2　新能源汽车高压安全与防护　12

1.3　新能源汽车常用维修工具　14

1.1 新能源汽车定义及分类

1.1.1 新能源汽车概述

1. 新能源

新能源又称非常规能源,是指传统能源之外的各种能源形式,如太阳能、地热能、风能、海洋能、生物质能和核聚变能等。新能源越来越多地被用到风电产业、地热利用产业、沼气发电产业、生物质产业、太阳能光伏产业以及新能源汽车产业。

2. 新能源汽车

根据内燃机加注的燃料不同,汽车可分为汽油汽车、柴油汽车以及添加乙醇的汽油汽车等。而新能源汽车集合了前文所述的汽车与新能源利用的双重含义。本书把利用内燃机的汽车称为传统汽车,对比新能源汽车,根据新能源汽车利用能源方式的不同,有纯电动或油电混合式新能源汽车、替代燃料新能源汽车以及其他形式的新能源汽车。

2009年6月,工业与信息化部(工产业[2009]第44号)就公告发布了《新能源汽车生产企业及产品准入管理规则》(2009年7月1日正式实施)。准入管理规则明确指出:新能源汽车是指采用非常规的车用燃料作为动力来源(或使用常规的车用燃料、采用新型车载动力装置),综合车辆的动力控制和驱动方面的先进技术,形成的技术原理先进、具有新技术、新结构的汽车。

非常规的车用燃料指除汽油、柴油、天然气(NG)、液化石油气(LPG)、乙醇汽油(EG)、甲醇、二甲醚之外的燃料。

我国2012年发布《节能与新能源汽车产业发展规划(2012—2020年)》,该规划在2012年沿用新能源汽车名词,分类包括插电式混合动力汽车、纯电动汽车和燃料电池汽车。主要特征是采用新型动力系统,完全或主要依靠新型能源驱动的汽车。

财政部、工业和信息化部、税务总局发布的各批次《免征车辆购置税的新能源汽车车型目录》要求列入目录的新能源汽车须同时符合以下条件:

新能源汽车的概念与分类

① 获得许可在中国境内销售的纯电动汽车、插电式(含增程式)混合动力汽车、燃料电池汽车。

② 使用的动力蓄电池(俗称动力电池)不包括铅酸电池。

③ 纯电动续驶里程须符合新能源汽车纯电动续驶里程要求。

④ 插电式混合动力乘用车综合燃料消耗量(不含电能转化的燃料消耗量)与现行的常规燃料消耗量国家标准中对应目标值相比小于60%;插电式混合动力商用车综合燃料消耗量(不含电能转化的燃料消耗量)与现行的常规燃料消耗量国家标准中对应限值相比小于60%。

⑤ 通过新能源汽车专项检测,符合新能源汽车标准要求。

工业和信息化部于2017年1月6日发布了新修订的《新能源汽车生产企业及产品准入管理规定》(于2017年7月1日实施),管理规定中对新能源汽车进行了界定。此规定界定新能源汽车是指采用新型动力系统，完全或主要依靠新型能源驱动的汽车，包括插电式混合动力（含增程式）汽车、纯电动汽车和燃料电池汽车等。

本书为了帮助维修工更好地了解新能源汽车的基础维修项目及知识，扩大了新能源汽车基础定义，增加了以丰田普锐斯、卡罗拉双擎、雷凌双擎、雅阁混动为代表的混合动力汽车即节能汽车的原理与维修内容。

1.1.2 新能源汽车基本结构组成

1. 纯电动汽车

纯电动汽车是纯粹靠电能驱动的车辆，而不需要其他能量。它可以通过家用电源、专用充电桩或者特定的充电场所进行充电，以满足日常的行驶需求。纯电动汽车的驱动系统比传统汽车要简单得多，总体上由驱动电机、动力电池和电控系统三大部件构成，这三大部件也称为纯电动汽车"三电"系统。

纯电动汽车是目前市场中销售的新能源汽车中使用成本最低的，由于其结构简单，周期性维护费用比普通汽车低很多，一般只需更换齿轮油、制动片即可。同时，纯电动汽车的安静程度也比普通汽车要好很多，基本上无须刻意去加装任何隔音装备，而且电机具备低转速、高转矩的特点，使得其起动和加速性能也很好。

但是纯电动汽车有其自身的缺点。一是，纯电动汽车的续驶里程普遍不高。目前，自主纯电动汽车的续驶里程普遍为100~400km，考虑到电能转化率和天气的影响，其实际续驶里程将会更低。二是，纯电动汽车充电时间比较长。

宝马i3增程款纯电动汽车结构如图1-1-1所示。该增程电动汽车采用后轮驱动，主要

图1-1-1　宝马i3增程款纯电动汽车结构

由动力蓄电池（行业内一般称动力电池）、驱动电机、增程发动机、增程电机、电机控制器等组成。其中增程发动机不直接参与动力传递，其作用是带动增程发电机为动力电池充电，并在必要时为驱动电机供电。

北汽 EV 系列电动汽车身材灵巧很适合穿梭在拥堵的城市中，早期的 EV150 采用磷酸铁锂动力电池，永磁同步驱动电机，最高车速可达 120km/h。北汽 EV150 电动汽车主要由动力电池、驱动电机、电动车单速变速器、电机控制器、高压控制盒、整车控制器（VCU）等组成，如图 1-1-2 所示。

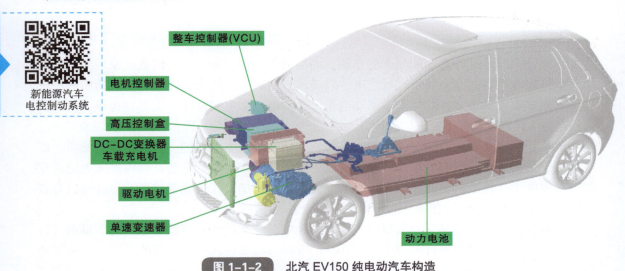

图 1-1-2　北汽 EV150 纯电动汽车构造

比亚迪 e6 纯电动汽车是比亚迪自主研发的一款纯电动跨界车，兼容了 SUV 和 MPV 设计，续驶里程超过 300km，该车 2011 年 10 月上市，首批车在深圳作为出租车使用。比亚迪 e6 采用磷酸铁锂动力电池，永磁同步电机，动力电池安装在车辆底部。比亚迪 e6 纯电动汽车结构如图 1-1-3 所示。

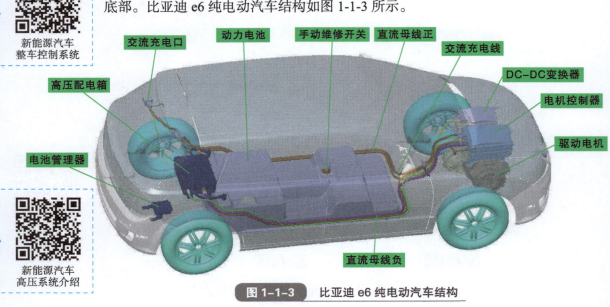

图 1-1-3　比亚迪 e6 纯电动汽车结构

2. 燃料电池汽车

纯电动汽车、插电式混合动力汽车和燃料电池汽车是中国新能源汽车发展的"三驾马车"。目前的燃料电池汽车以氢气作为燃料，零污染；与纯电动汽车相比，氢燃料电池汽车只需 3~5min 就能充满长途行驶所需的气量，而 Tesla Model S 至少需要 20min 才能充满电，但行驶的距离还不到氢燃料电池汽车的一半。这让燃料电池汽车更方便日常使用。此外，由于燃料电池汽车采用电机驱动，省去了传统内燃机汽车和混合动力汽车需要的复杂的动力传动装置。

燃料电池汽车是利用燃料电池产生出的电能来带动电机工作，再由电机带动汽车中的机械传动结构，进而带动汽车的前桥（或后桥）等行走机械结构工作，从而驱动电动汽车前进。图 1-1-4 所示为燃料电池电动汽车工作原理。

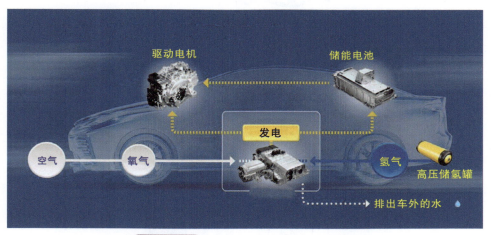

图 1-1-4 燃料电池电动汽车工作原理

燃料电池汽车和电动汽车最相似，主要的不同在于用燃料电池堆代替动力电池，并附加储能电池，为车身设备供电。丰田 Mirai FCV 氢燃料电池汽车构造如图 1-1-5 所示。电源控制器决定何时使用储能电池的能量或直接从燃料电池中汲取能量，内部集成 AC-DC 变换器和 DC-DC 变换器。驱动电机采用高效节能的永磁同步电机，是雷克萨斯混合动力车型中的现有电机。升压变换器将电压提升至 650V，为驱动电机提供高压供电。

燃料电池堆相当于一个小型的发电厂，利用储氢罐中的氢和空气中的氧之间的化学反应来发电。它向负极供应氢气、向正极供应氧气，产生与电解相反的电力。燃料电池堆包括称为单元的数百个堆叠组件。燃料电池堆工作原理如图 1-1-6 所示。

储能电池向电机提供加速所需能量，并存储减速期间能量回收系统产生的电力。丰田 Mirai FCV 氢燃料电池汽车采用了镍氢储能电池。

高压储氢罐采用三层结构，可存储大约 70MPa 高压下的氢气作为燃料。采用三层结构的目的是提供足够的强度以提高储存性能和安全性。

燃料电池汽车工作可分为六个步骤，如图 1-1-7 所示。

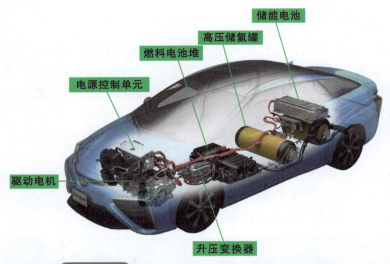

图 1-1-5　丰田 Mirai FCV 氢燃料电池汽车构造

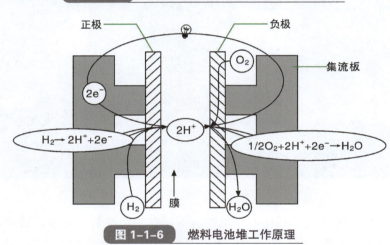

图 1-1-6　燃料电池堆工作原理

图 1-1-7　燃料电池汽车工作步骤

STEP1—吸入空气
STEP2—给燃料电池堆供应氧气和氢气
STEP3—通过化学反应产生电力和水
STEP4—向驱动电动机供电
STEP5—驱动电动机工作，驱动车辆行驶
STEP6—向车外排放水

3. 混合动力汽车

我们通常说的混合动力汽车是指油电类型的混合动力汽车,即发动机与动力电池、电机的驱动混合。混合动力汽车介于传统燃油汽车和纯电动汽车之间。与纯电动汽车相比,混合动力汽车上安装有发动机;与传统燃油汽车相比,混合动力汽车上又增加了动力电池和驱动电机。混合动力汽车的动力驱动单元完美地将发动机的动力和电机的动力结合在一起。

混合动力汽车与传动汽车相比,主要改进的是车辆驱动系统。在燃油汽车的基础上增加了一套由动力电池、驱动电机组成的电力驱动系统,如图 1-1-8 所示。

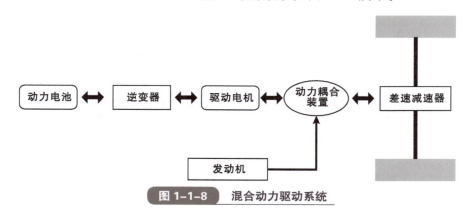

图 1-1-8　混合动力驱动系统

混合动力汽车按照动力驱动连接方式分类可分为串联式、并联式和混联式三种类型。

串联式混合动力系统中,车辆驱动仅仅由驱动电机来单独完成,车辆动力电池能量来自发动机。发动机并不直接提供动力,也不能单独驱动车轮,而仅仅用来带动发电机为电池充电,提供电机运行的电能。这种形式通常也被称为增程式。串联式混合动力系统示意图如图 1-1-9 所示。

车辆再次起动及加速阶段

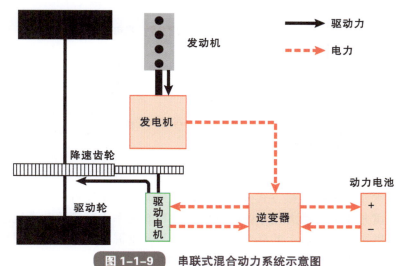

图 1-1-9　串联式混合动力系统示意图

混合动力汽车起步工况

混合动力汽车正常行驶工况

在并联式混合动力系统中,发动机和驱动电机与车轮均有机械连接,都可以单独驱动车轮,同时也可以协同工作,共同驱动车辆。目前,并联混合系统多用于微混与轻混车型,电机更多地用于车辆起步和加速时动力的辅助来源。并联式混合动力系统示意图如图 1-1-10 所示。

高负载高速巡航工况

轻负载高速巡航及超车

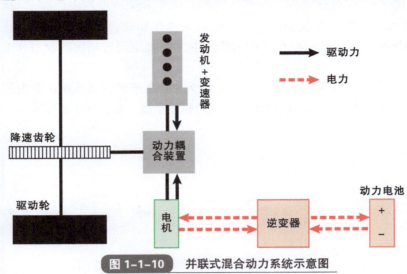
图 1-1-10　并联式混合动力系统示意图

除了串联和并联的形式,目前用到最多的是混联式混合动力系统。混联系统综合了串联式和并联式的特点,两种动力单元既可以单独驱动车辆,也可以协同工作。同时,混联系统具有单独的发电机,可以对电池组进行充电,从理论上讲,也可以实现串联(即增程式)的工作方式。混联式混合动力系统示意图如图 1-1-11 所示。

减速、下坡时能量回收

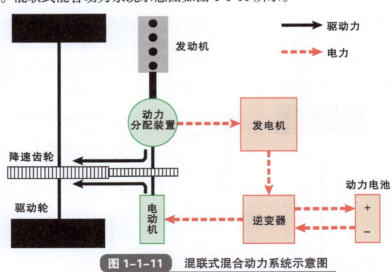
图 1-1-11　混联式混合动力系统示意图

除了以上按照动力系统连接方式分类以外,混合动力汽车还可以按照混合程度这个概念分类。混合程度是指混合动力汽车中驱动电机的有效功率占车辆驱动系统总功率的百分比。按照混合程度可以将市场上的混合动力汽车分为轻度混合动力、中度混合动力和重度混合动力三个等级。详细分类特征见表 1-1-1。

第1章 新能源汽车基础

表 1-1-1 按混合程度分类

分类	混合程度	特　征
轻度混合动力	电机峰值功率和发动机的额定功率比在 5%~15% 之间	轻度混合动力混合程度较低，电机不能单独驱动车辆。该类型的车辆一般采用 36V、48V 供电系统，并搭载集成式起动电机（ISG）系统。轻度混合动力系统能够实现电机控制发动机起停，还可以在汽车制动和下坡工况下实现部分能量回收
中度混合动力	电机峰值功率和发动机的额定功率比在 15%~40% 之间	中度混合动力汽车采用高压动力电池和驱动电机，在车辆加速或者大负荷工况时，驱动电机可以辅助发动机驱动车辆，补充发动机机本身动力输出不足，提高整车性能。在城市工况下省燃油可达到 20%~30%
重度混合动力（也称强混）	电机峰值功率和发动机的额定功率比在 40% 以上	重度混合动力汽车通常采用 270~650V 高压系统。在城市工况节省燃油可达到 30%~50%。动力系统以发动机为基础动力，动力电池作为辅助动力，采用的电机功率更为强大，完全可以满足车辆在起步和低速时的动力要求。重度混合车型在低速行驶时可以向纯电动汽车一样，支持纯电动行驶，在急加速和爬坡工况下车辆需要较大的驱动力时，驱动电机和内燃机同时对车辆提供动力。丰田普锐斯、雷凌双擎、卡罗拉双擎、凯美瑞混动以及本田雅阁混动等都是重度混合动力车型

4. 插电式混合动力汽车

在混合动力车型中，还有插电式混合动力。插电（plug-in）是指可以通过外接电源来对动力电池组进行充电。从理论上来说，只要满足这一点的以上任何一类混合动力车型都属于插电混合动力车型。插电混合动力车型由于有着较长的纯电动续驶里程，同时可以通过插电为动力电池组充电，因此在燃油经济性方面的表现较为突出，并且可以兼顾甚至增强车辆的动力表现。例如，普锐斯插电版在纯电模式可以行驶 64km，使得百公里油耗低至 2L，比混动版节油约 3L（普锐斯混动版与凯美瑞混动版油耗相当），而且充电时间也不长，一般数小时即可充满。

以比亚迪唐 DM、宋 DM 为代表的典型插电式混动车型结构如图 1-1-12 所示。

比亚迪唐 DM、宋 DM 采用了双模全时电四驱混合驱动系统。前桥搭载 1.5T 或 2.0T 缸内直喷涡轮增压发动机与 6 速双离合器变速器 + 前驱动电机组合；后桥搭载后驱动电机与四驱系统组合。动力电池采用三元锂电池配合前后逆变器为前后桥电机提供电能。

宝马 F18 PHEV 是一款以宝马 525Li 为基础开发的插电式混动系统。驱动系统由一个涡轮增压缸内直喷发动机、一个 8 档自动变速器和一个电机组成。宝马 F18 PHEV 锂离子动力电池额定电压为 363V，由 96 个单体电池串联而成。该车型以纯电动行驶时最高车速为 120km/h，最大续驶里程超过 60km。宝马 F18 PHEV 插电式混动车型结构如图 1-1-13 所示。

吉利帝豪 PHEV 采用与丰田 THS 类似的 CHS 系统，全称为 China Hybrid System。实际上两者的原理也很相似，发动机和电机的动力耦合，都是通过复杂的行星齿轮组的变速机构实现的。吉利 CHS 系统采用了两套行星齿轮组、加装离合器等措施，吉利官方称之为联擎超强插电混合动力。联擎超强插电混合动力技术的关键是 E-CVT 电子无级变速器，吉利称之为动力合成箱，如图 1-1-14 所示。

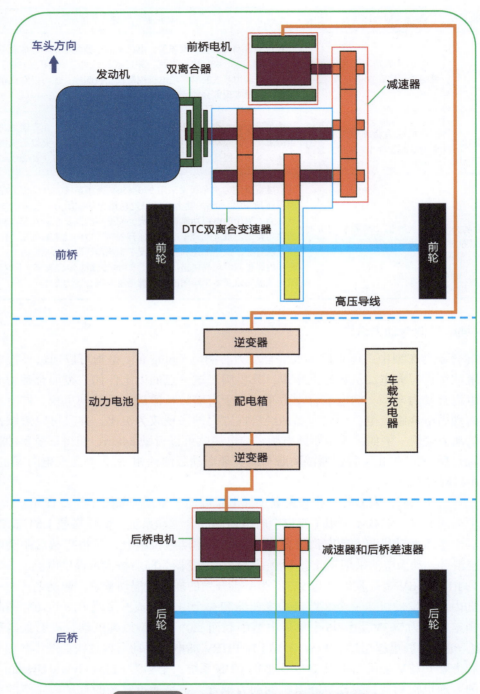

图 1-1-12　比亚迪 DM 插电式混动车型结构图

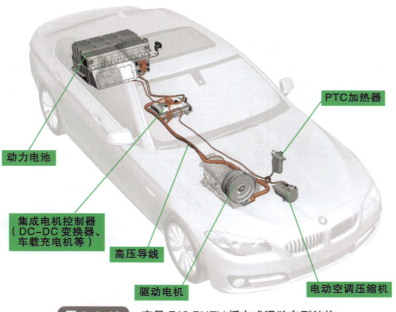

图 1-1-13　宝马 F18 PHEV 插电式混动车型结构

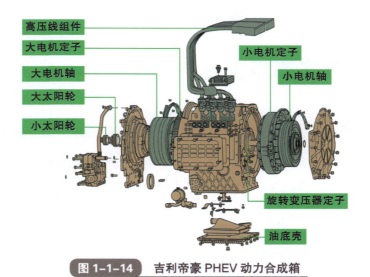

图 1-1-14　吉利帝豪 PHEV 动力合成箱

吉利动力合成箱采用拉维娜行星齿轮机构作为动力分流机构，实现整车的多种运行模式。拉维娜行星齿轮机构具有多自由度、可控性好、速比大等优点，可实现发动机和电机的动力耦合，有效地降低了电机额定转速，因此降低了电机制造难度。

吉利动力合成箱以拉维娜行星齿轮机构为基础，将电机 E1 和 E2 分别与两个太阳轮连接，发动机与行星架连接，齿圈作为输出轴驱动车辆行驶。动力由发动机和大、小电机输出，经过行星齿轮机构实现动力的耦合分流，由齿圈输出到减速齿轮上，经减速后传至差速器，再分配给两个驱动半轴，以驱动车辆行驶，如图 1-1-15 所示。

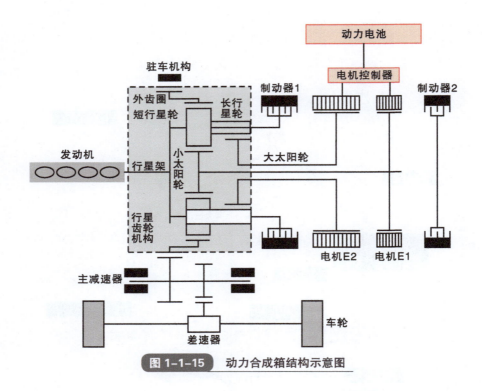

图 1-1-15　动力合成箱结构示意图

1.2 新能源汽车高压安全与防护

1.2.1 高压电

国标 GB/T 2900.50—2008《电工术语 发电、输电及配电 通用术语》中规定，电压等级（Voltage Class）是电力系统及电力设备的额定电压级别系列。额定电压是电力系统及电力设备规定的正常电压，即与电力系统及电力设备某些运行特性有关的标称电压。电力系统各点的实际运行电压允许在一定程度上偏离其额定电压，在这一允许偏离范围内，各种电力设备及电力系统本身仍然能正常运行。

目前，我国将电压等级划分为以下几种：

① 安全电压通常为 36V 以下，我国规定安全电压为 42V、36V、24V、12V 和 6V。

② 低压指对地电压在 1000V 及以下。交流系统中的 220V 三相四线制的 380V/220V 中性点接地系统的均属低压。

③ 高压指 1000V 以上的电力输变电电压，或 380V 以上的配用电电压。

④ 超高压为 330~750kV。

⑤ 特高压为 1000kV 交流，±800kV 直流以上。

进行危险电压组件方面的工作时必须遵守安全规定。国际标准给出了强制性安全规定，危险电压是 25V 以上的交流电和 60V 以上的直流电。车辆制造标准允许的最大接触电压（根

新能源汽车高压安全与防护

据 ECER100 标准）是 30V 交流电及 60V 直流电。新能源汽车的电压一般在 300~650V 间，虽然按照国家标准进行划分，应该属于低压范围，但是为和传统内燃机车辆 12V 电源进行区别，行业内通常称其为高电压。

国标 GB/T 18384.3—2015《电动汽车 安全要求 第 3 部分：人员触点防护》中规定，根据不同电压等级可能对人体产生伤害和危险程度不同，在新能源汽车中将电压分为两个类型，见表 1-2-1。

表 1-2-1　新能源汽车电压的类型和数值

电压级别	工作电压 U/V	
	DC（直流）	50~150Hz AC（交流）
A	$0 < U \leq 60$	$0 < U \leq 25$
B	$60 < U \leq 1000$	$25 < U \leq 660$

触点防护应包含防止人员与任何带电部件直接接触和在带电部件基本绝缘故障的情况下的触点防护。对表 1-2-1 中 A 级电压的电路不要求提供触点防护。对于表 1-2-1 中任何 B 级电压的带电部件，都应为人员提供危险接触的防护。直接接触防护应由带电部件的基本绝缘提供或由遮挡 / 外壳亦或两者的结合来提供。任何 B 级电压电路的带电部件发生绝缘故障时，应防止人员与外露可带电部件接触而导致的触电危险。

1.2.2　新能源汽车高压系统特点

1. 高压互锁回路

高压互锁回路用于检测高压电组件线束插接器的连接状态。如果在没有按照规定程序断开高压供电的前提下，拆卸了高压电组件线束插接器，车身控制单元会强令高压系统断电，以防止意外事故的发生。

2. 高压自放电电路

即便按照规定程序断开了手动维修开关，将动力电池从高压电网中断开，但高压系统的部分电路中仍会保持一定范围的高压，该高压仍可能危及接触部件的人。因此高压系统在每次断电后都会强制进行高压电路放电。新能源汽车高压电路中通常有一个主动放电电阻，该电阻位于供电电子装置内。关闭高压系统时，不仅供电电子装置内的电容器通过该电阻放电，其他高压系统组件内的电容也通过该电阻主动放电。

3. 绝缘监控电路

高压电网采用绝缘监控电路，以识别所有高压组件与可导电壳体或与接地之间危险的绝缘故障。如果壳体 / 接地与另一个高压组件之间存在危险电压，则说明有危险的绝缘故障。通过新能源汽车的安全系统，自诊断过程会检测绝缘电阻。如果发生故障，则会通过仪表板向驾驶人发出提示信息，出于安全原因，高压系统也会同时关闭。

1.3 新能源汽车常用维修工具

1.3.1 防护与绝缘工具

高压安全操作必备的防护与绝缘工具见表 1-3-1。

表 1-3-1　高压安全操作必备的防护工具

工具	说　　明
警告牌（高压危险 请勿靠近）	警告牌 ● 在地面或车辆附近明显位置放置
绝缘手套图	绝缘手套（绝缘等级为 1000V/300A 以上） ● 拆除及安装高压部件使用
皮手套图	皮手套 ● 拆除及安装高压部件使用（绝缘手套戴在外面）
绝缘鞋图	绝缘鞋 ● 拆除及安装高压部件使用
防护眼镜图	防护眼镜 ● 拆除及安装高压部件使用
绝缘帽图	绝缘帽 ● 拆除及安装高压部件使用
绝缘电阻表图	绝缘电阻表 ● 测试高压部件绝缘电阻值
绝缘拆装工具图	绝缘拆装工具 ● 拆除及安装高压部件使用

1.3.2 绝缘工具的检查

1. 绝缘拆装工具的认识

电动汽车存在高电压，因此在对高压系统部件进行维修时必须使用绝缘拆装工具，如图 1-3-1 所示。绝缘拆装工具是采用绝缘材料进行加工并适用于电气系统拆装等操作的工具。电动汽车涉及高压部分零件的拆装必须使用绝缘工具，且绝缘工具必须装有耐压 1000V 以上的绝缘柄。

绝缘工具的使用方法与普通工具相同，但是有以下特别需要注意的事项：

① 应有专门的工具室存放，室内应通风良好、清洁、干燥。

② 如发现绝缘工具损伤或受潮，应及时进行检修和干燥处理，试验合格后方可使用。

③ 绝缘工具必须按规定定期进行绝缘性能的试验，不符合试验要求的，禁止使用。

图 1-3-1　绝缘拆装工具

2. 绝缘手套的检查

绝缘手套使用橡胶、乳胶、塑料等材料制成，具有防电、防水等功能。高压绝缘手套用于高电压下作业，适用 500~36000V 的工作电压范围。

在使用绝缘手套前请按照以下步骤确认绝缘手套无裂纹、磨损以及其他损伤，推荐检查流程如图 1-3-2 所示。

① 侧位放置手套。

② 卷起手套边缘，然后松开 2 到 3 次。

③ 将卷起的手套边缘对折，并捏紧，以密封手套。

④ 确认无空气泄漏。

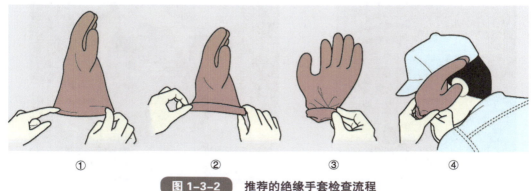

① ② ③ ④

图 1-3-2　推荐的绝缘手套检查流程

①～④—与文中对应的检查流程

也可使用向绝缘手套吹气的方法检查是否磨损和泄漏，如图 1-3-3 所示。

图 1-3-3　吹气法检查绝缘手套

 3. 数字电流钳的电流测量

在电动汽车维修与诊断时，经常会需要测量导线中的电流。由于驱动系统的导线（如逆变器与电动机之间）存在较大的交变电流，需要使用钳型电流表进行间接测量。

钳形电流表工作部分主要由一只电流表和穿心式电流互感器组成。穿心式电流互感器铁心制成活动开口，且成钳形，故名钳形电流表，是一种不需断开电路就可直接测电路交流电流的携带式仪表。

在测量电流时，可以按以下步骤进行：

① 估算电流大小，选择正确档位与电流类型。例如，如果需要测量三相电动机的一相电流，应选择交流电流档（图 1-3-4）。

② 打开电流钳，将被测量线路放入电流钳口之中。

注意：测量时电流钳应该保持钳口闭合，否则将测量出不正确的电流，如图 1-3-5 所示。

图 1-3-4　档位选择

图 1-3-5　钳口闭合

③ 起动被测量装置，读取电流值。

④ 如需测量一个变化的电流，应在上步的基础上按下"MAX"键后再起动电流钳（或根据电流表使用说明操作）。

4. 线束绝缘性的检查

电动汽车的运行工况非常复杂，在运行过程中难免会出现部件和导线之间的摩擦、碰撞、挤压等，导致高压电路与车辆之间的绝缘性能下降。电源正负极通过绝缘层和底盘构成漏电回路，很可能造成电气火灾。因此高压电气对车辆底盘的绝缘性是电动汽车的技术关键。在进行电动汽车检查和维护时使用绝缘测试仪检测绝缘性能也至关重要。

通常检查绝缘的工具有绝缘电阻测试仪，图 1-3-6 为某品牌绝缘电阻测试仪外观。

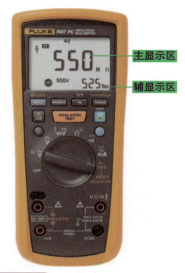

图 1-3-6　某品牌绝缘电阻测试仪外观

> 绝缘电阻测试仪的使用注意事项如下：
> ① 应严格按照使用手册的规定使用，否则可能会破坏测试仪提供的保护措施。
> ② 在将测试仪与被测电路连接之前，务必选用正确的端子、开关位置和量程档。
> ③ 用测试仪测量已知电压来验证测试仪操作是否正常。
> ④ 端子之间或任何一个端子与接地点之间施加的电压不能超过测试仪上标明的额定值。
> ⑤ 电压在 ACrms（交流有效值）30V、AC（交流）42V 峰值或 DC（直流）60V 以上时应格外小心，这些电压有造成触电的危险。
> ⑥ 出现电池低电量指示符时，应尽快更换电池。
> ⑦ 测试电阻、导通性、二极管或电容以前，必须先切断电源，并将所有的高压电容器放电。
> ⑧ 切勿在爆炸性的气体或蒸气附近使用测试仪。使用测试导线时，手指应保持在保护装置的后面。

测量绝缘电阻的步骤：

根据欧洲经济委员会 ECE-R100 标准，绝缘电阻必须至少为 5000Ω/V。例如：288V×500Ω/V=1.44MΩ，测量工具的测量电压至少要与被检测部件的常规工作电压一样高。

表 1-3-2 为电动汽车的高压线束检查表，请按表中操作步骤对电动汽车的高压线束进行检查。

表 1-3-2　电动汽车的高压线束检查表

操作步骤	操作说明
① 将测试探头插入 V 和 COM（公共）输入端子	—
② 将旋转开关转至所需要的测试电压	—
③ 将探头与待测电路连接，测试仪会自动检测电路是否通电	如果电路中的电压超过 30V（交流或直流），在主显示位置显示电压超过 30V 警告的同时，还会显示高压符号。在这种情况下，测试被禁止。在继续操作之前，先断开测试仪的连接并关闭电源
④ 按压测试按钮，此时将获得一个有效的绝缘电阻读数	辅显示位置上显示被测电路上所施加的测试电压。主显示位置上显示高压符号并以 MΩ 或 GΩ 为单位显示电阻。显示屏的下端出现测试图标，直到释放测试按钮。当电阻超过最大显示量程时，测试仪显示 ">" 符号以及当前量程的最大电阻
⑤ 继续将探头留在测试点上，然后释放测试按钮，被测电路即开始通过测试仪放电	主显示位置显示电阻读数，直到开始新的测试或者选择了不同功能或量程，或者检测到了 30V 以上的电压

5. 高压元件绝缘电阻检查

绝缘测试只能在不通电的电路上进行。图 1-3-7 为在车上测试绝缘性能的示意图，黑表笔接车身，红表笔测量电气元件相应的端子。

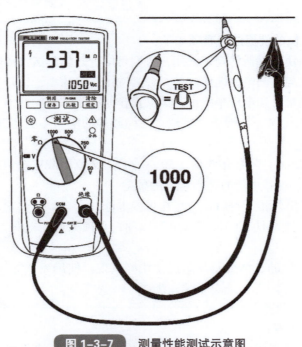

图 1-3-7　测量性能测试示意图

以某车型为例，表 1-3-3 为使用绝缘电阻测试仪检查相关的电器元件的步骤及标准。使用绝缘电阻测试仪对绝缘性能进行评价，按照表 1-3-3 中的指引进行操作。

表 1-3-3　绝缘电阻测试仪检查电器元件的步骤及标准

高压部件	检测项目	检测方法	标准值
动力电池	动力电池正负极与车身（外壳）绝缘电阻的检测	①拔掉高压接线盒动力电池输入线 ②将钥匙转至 ON 档 ③将兆欧表黑表笔接于车身，红表笔逐个测量动力电池正负极端子	动力电池正极绝缘电阻≥1.4MΩ；负极绝缘电阻≥1.0MΩ
车载充电机	车载充电机正负极绝缘电阻的检测	①将低压蓄电池负极断开 ②拔掉高压接线盒插接器 ③将兆欧表黑表笔接于车身，红表笔逐个测量高压接线盒插接器的 B（正极）和 H（负极）	在环境温度为 21~25℃和相对湿度为 45%~75% 时，车载充电机正负极输出与车身（外壳）之间的绝缘阻值≥1000MΩ；在环境温度为 21~25℃和相对湿度为 90%~95% 时，车载充电机正负极输出与车身（外壳）之间的绝缘电阻≥20MΩ
DC-DC	DC-DC 绝缘电阻的检测	①将低压蓄电池负极断开 ②拔掉高压接线盒插接器 ③将兆欧表黑表笔接于车身，红表笔逐个测量 A（正极）和 G（负极）	在环境温度为 21~25℃和相对湿度为 80%~90% 时，高压输入与车身（外壳）绝缘电阻≥1000MΩ；在工作温度为 -20~65℃和工作湿度为 5%~85% 的环境下，高压输入与车身（外壳）绝缘阻值≥20MΩ
空调压缩机	空调压缩机正负极绝缘电阻的检测	①将低压蓄电池负极断开 ②拔掉高压接线盒插接器 ③将兆欧表黑表笔接于车身，红表笔逐个测量 C（正极）和 F（负极）	向空调压缩机内充入（50±1）cm³ 的冷冻机油和 62~64g 的 HFC-134a 制冷剂后，空调压缩机正负极对车身（外壳）的绝缘电阻≥5MΩ 清空空调压缩机内部的冷冻机油后，空调压缩机正负极对车身（外壳）的绝缘阻值≥50MΩ
PTC 加热电阻	PTC 正负极绝缘阻值的测量	①将低压蓄电池负极断开 ②拔掉高压接线盒插接器 ③将兆欧表黑表笔接于车身，红表笔逐个测量 D（正极）和 E（负极）	PTC 正负极与车身（外壳）绝缘阻值≥500MΩ
电机控制器和驱动电机	电机控制器、驱动电机正负极输入绝缘阻值的测量	①将低压蓄电池负极断开 ②拔掉高压接线盒插接器和电机控制器输入插接器 ③将兆欧表黑表笔接于车身，红表笔逐个测量正负极端子	电机控制器正负极输入端子与车身（外壳）绝缘阻值≥100MΩ
高压接线盒	高压接线盒正负极绝缘阻值的测量	①将低压蓄电池负极断开 ②拔掉高压接线盒插接器、动力电池输入插接器、驱动电机控制器输出插接器 ③将兆欧表黑表笔接于车身，红表笔逐个测量高压接线盒侧（动力电池输入端子、驱动电机控制器输出端子）	高压接线盒侧（动力电池输入端子、驱动电机控制器输出端子）与车身（外壳）绝缘阻值为无穷大

第 2 章 新能源汽车动力电池

Chapter 2

2.1　新能源汽车动力电池分类及工作原理　21

2.2　常见新能源汽车动力电池　25

2.3　动力电池管理系统　49

2.4　动力电池系统的检查及零部件更换　54

2.5　动力电池系统常见故障诊断与排除　62

2.1 新能源汽车动力电池分类及工作原理

2.1.1 动力电池的概述及基本性能参数

动力蓄电池业内一般称为动力电池，其作用是接收和储存由车载充电机、发电机、制动能量回收装置或外置充电装置提供的高压直流电，并且为电动汽车提供高压直流电。

动力电池是新能源汽车的核心部件，也是新能源汽车上价格最高的部件之一。动力电池的性能好坏直接决定了这辆车的实际价值。

应用在新能源汽车上的动力电池主要有铅酸动力电池、镍氢动力电池、锂离子动力电池等。作为新能源汽车的动力源，动力电池技术是电动汽车的核心技术，更是电气技术与汽车行业的关键结合点，一直制约着电动汽车的发展。近年来，随着新能源汽车动力电池技术的研发受到各国能源、交通、电力等部门的重视，动力电池的多种性能得到了提高，如我国就在锂离子动力电池技术方面取得了突破性进展。

动力电池一旦失效，车辆就会处于瘫痪状态。动力电池属于高压安全部件，内部机构复杂，工作时需要很苛刻的条件，任何异常因素都将导致动力被切断，因此对动力电池的诊断与测试就需要丰富的动力电池的基础技术知识，对动力电池组的更换更需要专业规范的操作。

动力电池基本性能参数见表 2-1-1。

表 2-1-1 动力电池基本性能参数

序号	参数		详解
1	端电压		动力电池正极和负极之间的电位差。动力电池在没有负载情况下的端电压叫开路电压。动力电池接上负载后处于放电状态，此时电池电压称为负载电压，又称为工作电压。电池充放电结束时的电压称为终止电压，分为充电终止电压和放电终止电压
2	容量		容量是指动力电池在一定的放电条件下所能放出的电量，用符号 C 表示，单位常用 A·h 或 mA·h 表示
		理论容量	假定动力电池中的活性物质全部参加动力电池的成流反应所能提供的电量。理论容量是动力电池容量的最大极限值，动力电池实际放出的容量只是理论容量的一部分
		额定容量	也叫标称容量，是指按国家或有关部门规定的标准，保证动力电池在一定的放电条件（如温度、放电率、终止电压等）下应该放出的最低限度的容量。额定容量是制造厂标明的安时容量，是动力电池的一个重要参数
		实际容量	在实际应用工作情况下放电，动力电池实际放出的电量。充满电的动力电池在一定条件下所能输出的电量，它等于放电电流与放电时间的积分
3	内阻		电流通过动力电池内部时受到阻力，使动力电池的工作电压降低，该阻力称为动力电池内阻。动力电池内阻不是常数，在放电过程中随着活性物质组成、电解液浓度和动力电池温度的变化以及放电时间而变化。动力电池内阻包括欧姆内阻和极化内阻两部分
4	能量		能量是指动力电池在一定放电制度下所能释放出的电能，单位常用 W·h 或 kW·h 表示。动力电池的能量分为理论能量和实际能量
		理论能量	动力电池的理论容量与其电动势的乘积
		实际能量	动力电池放电时实际输出的能量，它在数值上等于动力电池实际放电电压、放电电流与放电时间的积分

（续）

序号	参数		详解
4	能量	能量密度	能量密度是指单位质量或单位体积的电池所能输出的能量，相应地称为质量能量密度（W·h/kg）或体积能量密度（W·h/L），也称为质量比能量或体积比能量。在新能源汽车应用方面，动力电池的质量比能量影响新能源汽车的整车质量和续驶里程，而体积比能量影响到动力电池的布置空间
5	功率		电池功率是指在一定的放电制度下，单位时间内动力电池输出的能量，单位为 W 或 kW
6	功率密度		新能源汽车动力电池功率密度又称比功率，是单位质量或单位体积动力电池输出的功率，单位为 W/kg 或 W/L。比功率是评价动力电池是否满足新能源汽车加速和爬坡能力的重要指标
7	荷电状态（SOC）		描述了动力电池的剩余电量，其值为动力电池在一定放电倍率下，剩余电量与相同条件下额定容量的比值。荷电状态值是个相对量，一般用百分比的方式来表示，SOC 的取值：$0 \leq SOC \leq 100\%$
8	循环使用寿命		循环使用寿命是以新能源汽车动力电池充电和放电一次为一个循环，按一定测试标准，当动力电池容量降到某一规定值（一般规定为额定值的80%）以前，动力电池经历的充放电循环总次数。循环使用寿命是评价动力电池寿命性能的一项重要指标
9	输出效率		容量效率指动力电池放电时输出的容量与充电时输入的容量之比，能量效率指动力电池放电时输出的能量与充电时输入的能量之比。通常，动力电池的能量效率为 55%~85%，容量效率为 65%~95%。对新能源汽车而言，能量效率是比容量效率更重要的一个评价指标
10	放电电流		动力电池放电时电流的大小。放电电流的大小直接影响动力电池的各项性能指标，因此，介绍动力电池的容量或能量时，必须说明放电电流的大小，指出放电的条件。放电电流通常用放电率表示，放电率是指动力电池放电时的速率，有时率或倍率两种表示形式。 时率是以放电时间（h）表示的放电速率，即以一定的放电电流放完额定容量所需的时间（h），常用 C/n 表示，其中，C 为额定容量，n 为一定的放电电流。放电率所表示的时间越短，所用的放电电流越大；放电率所表示的时间越长，所用的放电电流越小。 倍率实际上是指动力电池在规定的时间内放出其额定容量所输出的电流值。它在数值上等于额定容量的倍数。例如，3 倍率（3C）放电，其表示放电电流的数值是额定容量数值的 3 倍。若动力电池的容量为 15A·h，那么放电电流应为 3×15=45（A）
11	放电终止电压		动力电池放电时，电压下降到不宜再继续放电的最低工作电压称为终止电压，其值与动力电池材料直接相关，并受到动力电池结构、放电率、环境温度等多种因素影响

2.1.2　动力电池的类型及基本工作原理

目前铅酸动力电池、镍氢动力电池和锂离子动力电池在新能源汽车中均有应用。锂离子动力电池是目前最常用的动力电池，广泛应用在国内外生产的纯电动汽车上。镍氢动力电池广泛应用在丰田混合动力汽车上。铅酸动力电池则多用在低速电动车、电动自行车上。

1. 铅酸动力电池

铅酸蓄电池已有 150 多年的历史，广泛用作内燃机汽车的起动动力源，是成熟的电动汽车蓄电池。它可靠性好、原材料易得、价格便宜；比功率也基本上能满足电动汽车的动力性要求。但它有两大缺点：一是比能量低，所占的质量和体积太大，而一次充电行驶里程较短；另一个是使用寿命短，使用成本过高。目前，已有很多公司开发出新型的铅酸电池，使得其性能有很大提高。铅酸蓄电池的结构如图 2-1-1 所示。

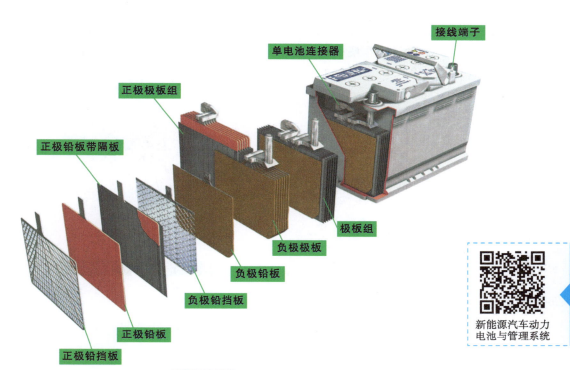

图 2-1-1　铅酸蓄电池结构

铅酸蓄电池是利用稀硫酸、铅、二氧化铅这三种活性物质进行化学反应完成充电和放电的。放电时，化学反应是从左向右进行的，由于消耗了硫酸并生成水，因此电解液密度会不断下降。而充电时，在外部电压的作用下，重新生成活性物质。

目前铅酸蓄电池主要用于燃油汽车起动电源、新能源汽车低压电源、电动自行车动力电池和电动巴士动力电池等。

2. 镍氢动力电池

镍氢动力电池属于碱性电池，具有使用寿命较长，能量密度高等优点；缺点是价格较高，性能比锂电池较差。

镍氢动力电池正极的活性物质是氢氧化镍 $Ni(OH)_2$，负极是储氢合金，用氢氧化钾作为电解质。在金属铂的催化作用下，完成充放电的可逆化学反应。镍氢动力电池工作原理如图 2-1-2 所示。

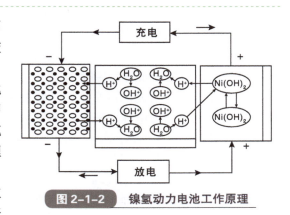

图 2-1-2　镍氢动力电池工作原理

在新能源汽车中，大功率的镍氢电池主要使用在油电混合动力车辆中，其最有代表性的车辆就是丰田系列混合动力汽车，图 2-1-3 所示为丰田雷克萨斯混合动力汽车镍氢动力电池安装位置。丰田系列混合动力汽车镍氢动力电池使用了特别的充放电程序，使动力电池充放电寿命可足够车辆使用十年。其他使用镍氢动力电池的混合动力车辆包括：福特的

Escape、雪佛兰的 Malibu、本田的 Civic Hybrid 等车型。虽然镍氢电池比锂离子电池重，但仍然有部分纯电池动力车使用镍氢电池，例如本田的 EV Plus、福特的 Ranger EV 等车型。

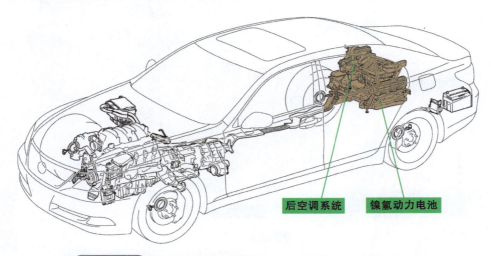

图 2-1-3　丰田雷克萨斯混合动力汽车镍氢动力电池安装位置

3. 锂电子动力电池

锂离子动力电池具有质量轻、储能大（能量密度高）、无污染、无记忆效应、使用寿命长的特点。在同体积重量情况下，锂电池的蓄电能力是镍氢电池的 1.6 倍，是镍镉电池的 4 倍，并且目前的技术条件只开发利用了其理论电量的 20%~30%，开发前景非常好。同时，锂离子电池不会对环境造成污染，是目前最佳的能应用到电动汽车上的电池。我国从 20 世纪 90 年代开始开发和利用锂离子电池，至今已研制出了完全拥有自主知识产权的锂离子电池。按照正极材料的不同，锂离子电池可以分为锰酸锂离子电池、磷酸铁锂离子电池和镍钴锂离子电池等。

电池充电时，锂离子从正极材料的晶格中脱出，通过电解质溶液和隔膜嵌入到负极中。放电时，锂离子从负极中脱出，通过电解质溶液和隔膜嵌入到正极材料晶格中。在整个充放电过程中，锂离子往返于正负极之间。锂离子电池的工作过程如图 2-1-4 所示。

近几年大部分新能源汽车采用了能量密度更高的三元锂动力电池。三元锂动力电池是指正极材料使用镍钴锰三元材料的锂电池。三元复合正极材料是以镍盐、钴盐、锰盐为原料，是容量和安全性比较均衡的材料，循环性能好于正常的钴酸锂。目前随着技术的不断进步，三元锂动力电池的单体电池标称电压已达到 3.7V，在容量上已经达到或超过钴酸锂电池。

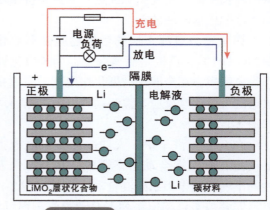

图 2-1-4　锂离子电池工作过程

2.2 常见新能源汽车动力电池

2.2.1 北汽电动汽车

北汽 EV200 电动汽车采用三元锂动力电池，动力电池安装在车辆底部。动力电池总容量 91.5A·h，总能量 30.4kW·h，电压范围 270~377V，额定电压 332V，能量密度 104.1W·h/kg，电池系统循环寿命 ≥ 3000 次。

3 个三元锂电芯并联，组成一个电芯组。3 个锂电芯的 3 个正极极耳用激光焊接在一起，3 个负极极耳用激光焊接在一起，外部加上封框、保护板、电极螺栓，组成一个电芯组。几个电芯组再次串联组成电池模块。电池模块有两种，一种由 2 个电芯组串联组成，另一种由 3 个电芯组串联组成。在动力电池框内使用高压母线将 91 个电芯组串联组成动力电池。动力电池组成示意图如图 2-2-1 所示，动力电池外观如图 2-2-2 所示。

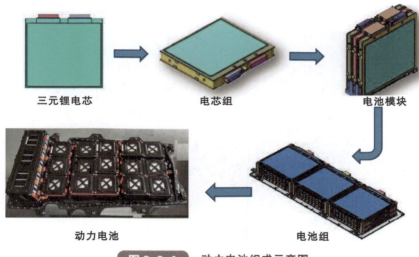

图 2-2-1　动力电池组成示意图

图 2-2-2　动力电池外观图

北汽EV150动力电池同样安装在车辆底部。该车型采用磷酸铁锂动力电池,标称电压320V,总容量80A·h,总能量25.6kW·h。

北汽EU260出租车版和长续驶版的动力电池都采用三元锂动力电池。长续驶版动力电池由3个标称电压3.65V的三元锂电芯并联成为一个电芯组,90个电芯组串联得到额定电压330V的动力电池。动力电池额定能量41.6kW·h,额定容量126A·h,能量密度113W·h/kg。

2.2.2　吉利电动汽车

1. 吉利帝豪EV300/EV450/GSe

吉利帝豪采用的三元锂动力电池由宁德时代生产。动力电池内部共有17个模组,其中单芯1并5串模组7个,1并6串模组共10个,电池控制器位于动力电池的中间位置。动力电池共95个电芯,额定电压346V,额定功率50kW(EV300/EV450)/55kW(帝豪GSe),电池能量126A·h(EV300)/150A·h(EV450、帝豪GSe),能量密度101W·h/kg(EV300)/142W·h/kg(EV450)。吉利帝豪EV300的动力电池外观如图2-2-3所示,安装位置如图2-2-4所示。

图2-2-3　吉利帝豪EV300的动力电池外观

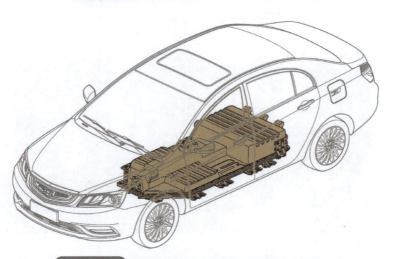

图2-2-4　吉利帝豪EV300的动力电池安装位置

2. 吉利帝豪 PHEV

吉利帝豪 PHEV 插电式混合动力车型也采用三元锂动力电池。因插电混动车辆技术特点，其动力电池与纯电动汽车相比额定容量和电能较低。动力电池安装在车辆底部车内前后排座椅之间的位置，如图 2-2-5 所示。动力电池额定电压 308V，额定容量 37A·h，总能量 11.4kW·h。

图 2-2-5 吉利帝豪 PHEV 动力电池安装位置

2.2.3 众泰电动汽车

1. 众泰云 100S

众泰云 100S 的动力电池安装在车辆底部，如图 2-2-6 所示，额定电压 108V，最大输出功率 37.8kW，最大输入电流 120A，额定输出电流 160A，最低输出电压 90V。

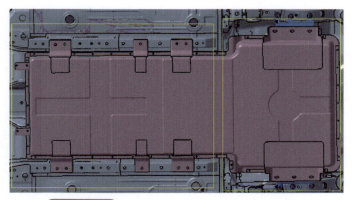

图 2-2-6 众泰云 100S 的动力电池安装位置

2. 众泰 E200

众泰 E200 的动力电池安装位置如图 2-2-7 所示。动力电池为三元锂电池，额定电压

317V，总能量24.5kW·h，最大输出功率74kW。

3. 众泰泰捷小型电动客货车

众泰泰捷小型电动客货车采用三元锂离子动力电池。动力电池由三元锂离子电芯组成的电芯组、继电器、控制器及线束组成。该车型动力电池额定电压324V，总能量29.2kW·h，最大输出功率64.8kW，采用自然冷却方式。动力电池安装位置如图2-2-8所示。

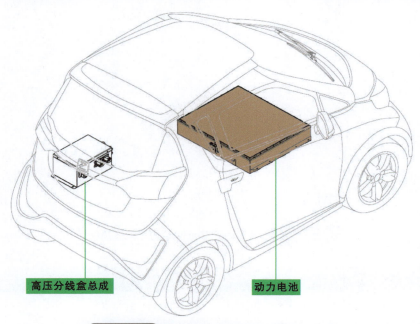

图2-2-7　众泰E200的动力电池安装位置

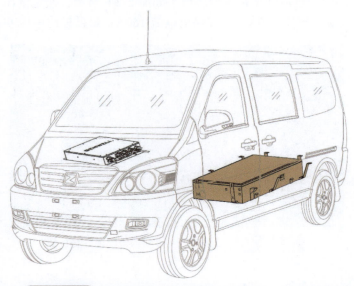

图2-2-8　众泰泰捷小型电动客货车动力电池安装位置

2.2.4 比亚迪新能源汽车

1. 比亚迪 e5、秦 EV

比亚迪 e5、秦 EV 电动汽车采用磷酸铁锂电池，电芯电压 3.3V。动力电池内部含有 2 个分压接触器、1 个正极接触器、1 个负极接触器、采样线束、电池模组连接片和链接电缆等。动力电池额定容量 75A·h，额定电压 646V，采用水冷冷却方式。比亚迪 e5、秦 EV 动力电池如图 2-2-9 所示。

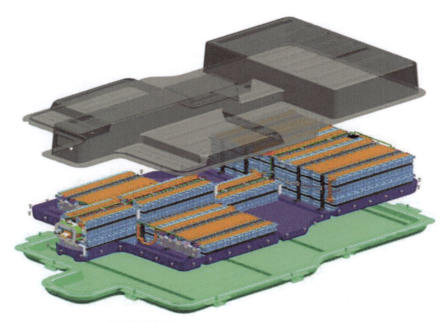

图 2-2-9　比亚迪 e5/ 秦 EV 的动力电池

2. 比亚迪唐 DM 双模插电式混动汽车

比亚迪唐 DM 双模插电式混动车型的动力电池分为高电量版本和低电量版本。早期的比亚迪唐高低电量版本都采用磷酸铁锂电池，电芯电压 3.3V。高电量版本的动力电池共有 216 节电芯，组成 8 个模组，标称电压 712.8V，动力电池内部有 16 个采集器，1 条采样线，2 个分压接触器和 1 个负极接触器，高电量版本的动力电池连接示意图如图 2-2-10 所示。低电量版本的动力电池共有 188 节电芯，7 个模组，标称电压 620.4V，电池内部有 1 个漏电传感器，14 个采集器，1 条采样线，2 个分压接触器和 1 个负极接触器，低电量版本的动力电池内部连接示意图如图 2-2-11 所示。

新款比亚迪唐针对动力电池进行了升级，改用了能量密度更高的三元锂离子动力电池，能量密度提升了约 60%，同时采用了更加智能的动力电池管理系统，提高了纯电动模式下的续驶里程。

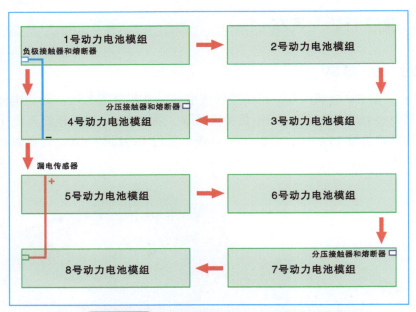

图 2-2-10　高电量版本动力电池连接示意图

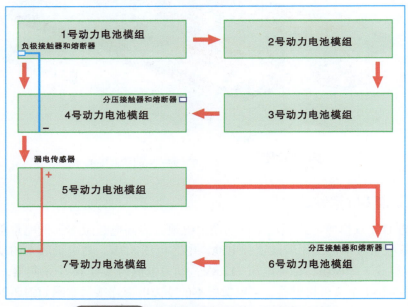

图 2-2-11　低电量版本的动力电池连接示意图

3. 比亚迪秦 DM 双模插电式混动汽车

比亚迪秦 DM 采用磷酸铁锂动力电池，由 10 个动力电池模组、10 个动力电池信息采集器、动力电池串联线、动力电池支架、动力电池密封罩、动力电池采样线等组成。10 个动力电池模组中各有 12~18 个数量不等的电芯，总共 152 节串联而成，额定电压 486.4V，总电能 10kW·h。动力电池模组连接方式及总成安装位置分别如图 2-2-12 和图 2-2-13 所示。

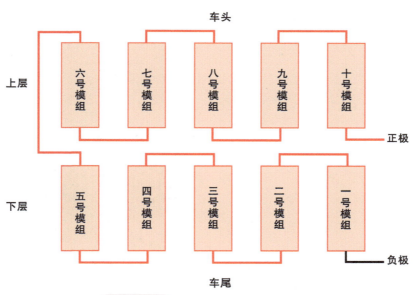

图 2-2-12　动力电池模组连接示意图

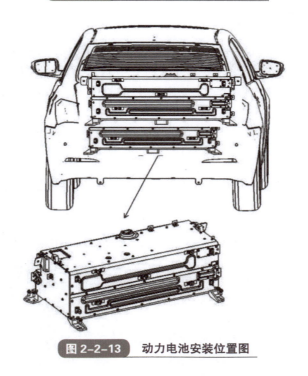

图 2-2-13　动力电池安装位置图

2.2.5　广汽传祺电动汽车

1. 广汽传祺 GA3S PHEV

广汽传祺 GA3S PHEV 插电式混动汽车的动力电池布置在后排座椅下面的底盘上，如

图 2-2-14 所示，由 8 颗螺栓固定。手动维修开关安装在右后座椅下，需要拆卸右后排座椅才能够进行拆装操作。

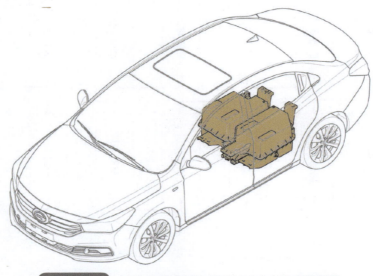

图 2-2-14　广汽传祺 GA3S PHEV 动力电池安装位置

动力电池系统冷却方式为液冷，由 88 个三元锂离子电芯组装成 8 个模组，8 个模组再通过导线、继电器、充电熔断器、电流分流器等串联在一起。动力电池标称电压为 321V，正常电压范围为 250~369V，瞬时最大放电功率为 110kW。动力电池整体构成如图 2-2-15 所示。

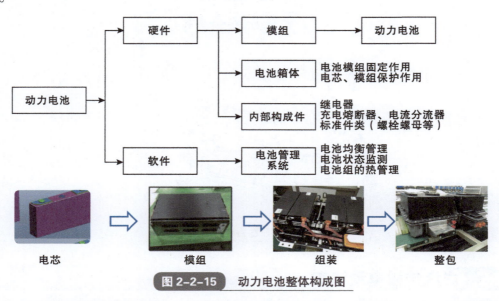

图 2-2-15　动力电池整体构成图

由于低温环境会对电池性能产生一定的影响，若车辆需长时间停放在 0℃以下的低温室外，建议连接充电枪对车辆进行充电，电池温控系统会自动对电池进行保温。否则车辆起动后，整车动力性能会有所下降，需待电池温控系统工作一段时间后，车辆动力性能才能恢复至正常水平。为保持整车性能，在特定寒冷环境下使用暖风功能时，SOC 值较高的情况下，发动机会提前起动。

2. 广汽传祺 GE3

广汽传祺 GE3 的动力电池采用三元锂离子动力电池。按照内部电芯组成模组的形式可分为两种类型，一种是 3 个三元锂离子电芯并联组成一个电芯组，共 88 个电芯串联，得到额定电压为 322V 的动力电池；另一种是 2 个三元锂离子电芯并联组成一个电芯组，共 90 个电芯串联，得到标称电压为 328V 的动力电池。两种类型的动力电池都安装在车辆底盘上，由 8 颗螺栓固定，手动维修开关安装于后排座椅下，需要拆卸后排座椅才能进行拆装操作。广汽传祺 GE3 的动力电池安装位置如图 2-2-16 所示，动力电池整体构成参见图 2-2-15。

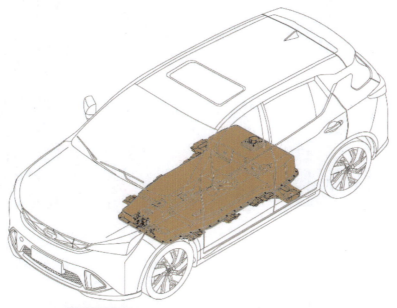

图 2-2-16　广汽传祺 GE3 的动力电池安装位置

2.2.6　江淮电动汽车

江淮 iEV4 电动汽车的动力电池分别布置在后座椅下方和行李箱内部，5 个磷酸铁锂电芯组成一个模组，动力电池总成共包含 95 个电芯。电池模组包含两种类型，一种为 5 并 2 串共 10 个电芯，另一种为 5 并 3 串共 15 个电芯。江淮 iEV4 的动力电池安装位置及组成如图 2-2-17 所示。

该车型使用的磷酸铁锂电芯为方形电芯，优点是钢壳材料耐用、抗磨损、耐腐蚀、抗鼓胀，可设计泄压、泄流等电池安全保护，安全性能高；注液量多利于提高电池循环寿命。动力电池内部共有 8 个数字式温度传感器，通过螺栓连接固定在极柱上，温度检测范围为 –40~125℃。

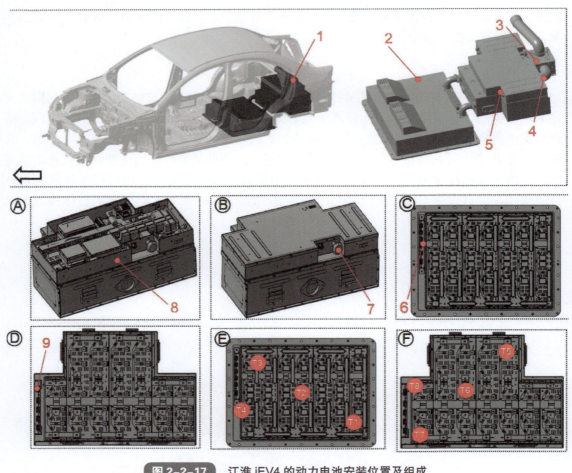

图 2-2-17　江淮 iEV4 的动力电池安装位置及组成

1—动力电池组总成　2—行李箱动力电池　3—后座椅动力电池　4—金属风管总成
5—风机总成　6—高压配电箱　7—维修开关　8—电池从控制器 2
9—电池从控制器 1　T1~T4—后座椅动力电池温度传感器
T5~T8—行李箱动力电池温度传感器

2.2.7　荣威电动汽车

1. 荣威 E50 电动汽车

荣威 E50 采用的磷酸铁锂动力电池安装在车辆底盘中间位置，如图 2-2-18 所示。动力电池含 5 个模块，其中包含三个大模块和两个小模块。大模块采用 3 个磷酸铁锂电芯（3.6V）并联组成电芯组，再由 27 个电芯组串联组成，总电压为 97.2V；小模块采用 3 个磷酸铁锂电芯（3.6V）并联组成电芯组，再由 6 个电芯组串联组成，总电压为 21.6V。这样得到总电压 334.8V 的动力电池。荣威 E50 动力电池安装位置如图 2-2-18 所示。

图 2-2-18　荣威 E50 的动力电池安装位置

动力电池内部安装有电池控制器，汇总内部控制器采集的电池信息，通过一定的控制策略，向整车控制器提供电池运行状态信息，电池控制器详细内容见本书 2.3 节相关内容。

手动维修开关安装在动力电池中间位置，拆卸驾驶室扶手箱底部盖板后可以接触到，在进行任何高压系统操作之前都应先拆卸手动维修开关。

惯性开关安装在杂物箱右后方，固定于右侧 A 柱车身上。如果发生碰撞或突然冲击，撞击加速度达到一定值时，会触发高压惯性开关打开，自动切断高压系统供电。此时车辆无法起动。惯性开关垂直安装，在其顶面上有重置按钮，在拆卸下杂物箱后，可以接触到。按下重置按钮可使得惯性开关重新复位。惯性开关安装位置及重置按钮如图 2-2-19 所示。

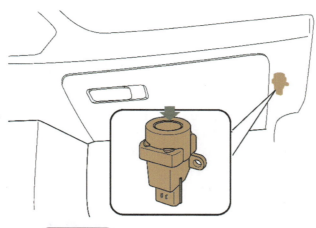

图 2-2-19　惯性开关安装位置及重置按钮

2. 荣威 550 PHEV

荣威 550 PHEV 的磷酸铁锂动力电池安装在车尾行李箱底部。动力电池总能量 11.8kW·h，总容量 40A·h，总电压范围 200~350V。动力电池采用 2 个磷酸铁锂电芯（3.6V）并联组成电芯组，23 个电芯组串联形成一个电池模块，动力电池共由 4 个电池模块组成。整个动力电池共使用了 184 个磷酸铁锂电芯。荣威 550 PHEV 动力电池组如图 2-2-20 所示。

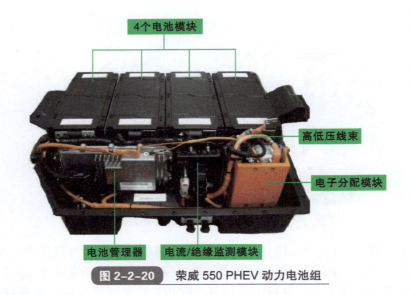

图 2-2-20 荣威 550 PHEV 动力电池组

2.2.8 宝马电动汽车

1. 宝马 F15 PHEV

首先介绍宝马车系新能源车型（包含混合动力车型）动力电池的发展，宝马新能源车型动力电池发展到了第 3 代，具体见表 2-2-1。

表 2-2-1 宝马新能源车型动力电池发展

技术数据	第 1 代	第 1.5 代	第 2 代		第 3 代	
应用车型	E71	F04	F01/F02H, F10H, F30H	F18 PHEV（仅中国）	F15 PHEV	F49 PHEV
制造商	Bosch	TEMIC	BWM	Bosch	BWM	CATL
技术（材料）	镍氢	锂离子	锂离子	三元锂离子	三元锂离子	三元锂离子
电芯数量 /个	260	35	96	96	96	154
电芯电压 /V	1.2	3.36	3.3	3.78	3.7	3.6
电芯电量 /A·h	7.7	6.5	4	40	26	26.5
额定电压 /V	312	126V	317	363	355	277.2
电压范围 /V	234~422	—	—	269~395	269~399	216~316
可存储能量 /kW·h	2.4	0.8	1.35	14.5	9.2	14.7
可用能量 /kW·h	1.4	0.4	0.6	12	6.8	10.7
最大功率 /kW	57（短时）	19	43	90（短时）36（持续）	83（短时）43（持续）	84（短时）33（持续）
质量 /kg	83	28	46	218	105	169

宝马 F15 PHEV 动力电池安装在行李箱内翻板下，如图 2-2-21 所示，被行李箱地板盖住，必须拆下行李箱地板和杂物槽才能看到。

动力电池单元除了高压接口以外还有一个 12V 车载网络接口。通过该接口为集成在动力电池内部的控制单元提供电压、总线信号、传感器和监控信号。

动力电池壳体通过三个螺栓固定在行李箱地板上，壳体与接地之间的低压电阻连接良好是确保自动绝缘监控功能正常运行的前提，因此应注意所有安装螺栓是否正常。

动力电池上带有一个 2 芯高压接口，动力电池通过这个接口与高压车载网络连接，如图 2-2-22 所示。

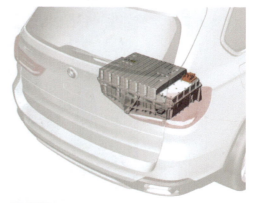

图 2-2-21　宝马 F15 PHEV 动力电池安装位置

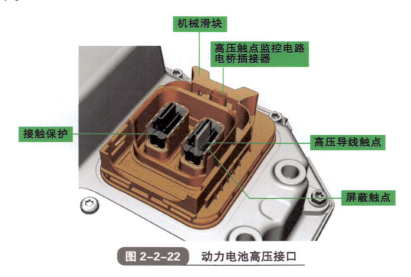

图 2-2-22　动力电池高压接口

高压接口上的机械滑块用于机械锁止插口，还具有安全保护功能。未连接高压导线时，机械滑块盖住高电压触点监控电桥的接口。只有按规定连接了高压导线且插头已卡止时，才能接触到该接口并插上电桥，这样可以确保只有连接了高压导线时，高压触点监控电路才会闭合。因此只有连接所有高压导线后，高压系统才会启用，这样可以防止误接触带高压电的组件。

因为不是动力电池直接组成部分，所以在 F15 PHEV 中，高压安全插头（即其他车型的手动维修开关）的颜色由橙色变成了绿色。高压安全插头作为独立部件安装在行李箱内右后侧，如图 2-2-23 所示。

与其他车型手动维修开关功能相同，宝马 F15 PHEV 中的高压安全插头也起到断开高压系统供电输出的作用。高压安全插头的插头和插孔无法彼此完全分开，两个部分机械地连接在一起。断开高压电操作时，只需要将插头和插孔拉开至能够使用挂锁固定住以防止重新接通的程度，就可以断开高压触点监控电路，一旦高压触点检测装置从高压安全插头上分离，便断开接触器从而断开高压电输出。

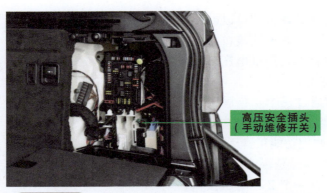

图 2-2-23　高压安全插头（手动维修开关）安装位置

2. 宝马 F18 PHEV

宝马 F18 PHEV 的动力电池由苏州 Bosch 公司制造，动力电池的电芯由 Samsung 公司生产。电芯为三元锂离子电芯，每个电芯电压为 3.78V，容量 40A·h。动力电池共由 96 个电芯串联而成，额定电压 363V，采用液冷方式冷却。

宝马 F18 PHEV 的动力电池安装在行李箱内，后排座椅后面，如图 2-2-24 所示，由一块饰板遮盖，需要接触动力电池单元上的接口时，必须拆下后排座椅靠背。

在动力电池上除了高压接口，还有一个信号接口。通过这个接口给集成在动力电池内部的控制单元提供总线、传感器和监控信号。

动力电池借助四个支架与车身相连，并通过固定螺栓实现电位平衡。动力电池和接地螺栓（固定螺栓，如图 2-2-24 所示）之间的低电阻连接是自动绝缘监控功能正常运行的关键前提条件，因此必须确保动力电池单元壳体和车身相应的螺栓孔上没有油漆、腐蚀或污染。

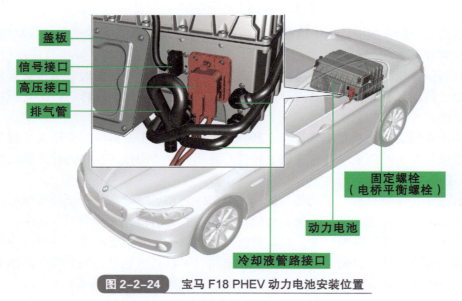

图 2-2-24　宝马 F18 PHEV 动力电池安装位置

宝马 F18 PHEV 高压安全插头（手动维修开关）不是动力电池的组成部分，位于行李箱中右侧的一块盖板下。

3. 宝马 i3 电动汽车

宝马 i3 电动汽车（增程款）动力电池采用三元锂离子电芯组成电芯组，再由 12 个电芯组组成一个电池模组，动力电池一共包括 8 个电池模组。每个电芯组的电压均为 3.75V，容量 60A·h，12 个电芯组组成一个电压为 45V 的电池模组，单体电池和电池模组如图 2-2-25 所示。

8 个图 2-2-25 所示的电池模组串联，并与电池管理系统一起组成高压动力电池总成。动力电池总成额定电压为 360V，电压范围为 259~396V，可存储能量 21.6kW·h，可用能量 18.8kW·h。动力电池组成与内部连接示意图分别如图 2-2-26 和图 2-2-27 所示。

图 2-2-25　单芯组和电池模组

4. 宝马 i8 混合动力超级跑车

宝马 i8 混合动力超级跑车的动力电池安装在底盘中部，如图 2-2-28 所示。

图 2-2-26　宝马 i3 动力电池组成

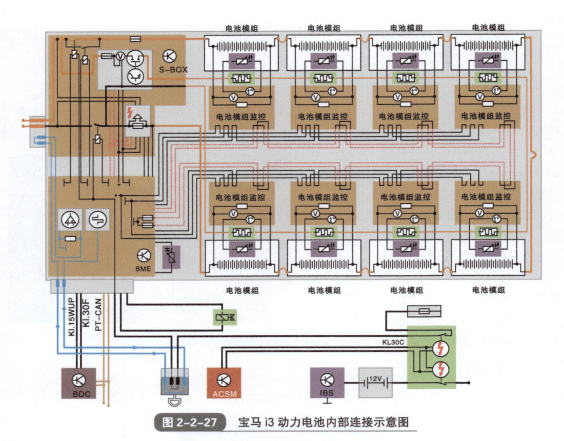

图 2-2-27 宝马 i3 动力电池内部连接示意图

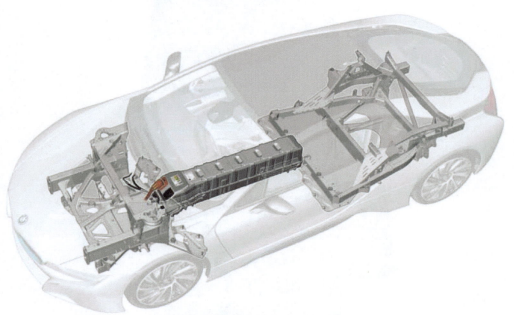

图 2-2-28 宝马 i8 超级混合动力跑车的动力电池安装位置

宝马 i8 动力电池采用三元锂离子电芯，将电芯组装成单芯组，再封装成电池模组，最后将电池模组串联组装成动力电池。动力电池由 6 个电池模组组成，每个电池模组都分配了两个电池监控电子装置（电池监控电子装置 – 或 + 表示电池监控电子装置安装在电池模组的正极侧或负极侧）。电池模组自身由 16 个串联的单芯组组成。每个单芯组的额定电压为 3.7V，额定容量 20A·h。动力电池中模组与其他部件的安装如图 2-2-29 所示。

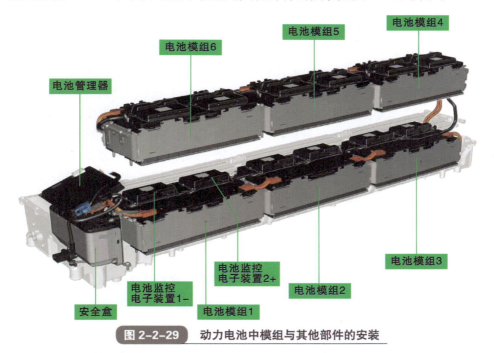

图 2-2-29　动力电池中模组与其他部件的安装

图 2-2-29 中的安全盒内集成了动力电池负极电流传感器、正极电路中的熔丝、两个机械式接触器等组件，具有对动力电池电流进行监控及电路保护等功能。

宝马 i8 高压安全插头（手动维修开关）安装在发动机室盖下方，低压蓄电池旁边，如图 2-2-30 所示。作用与断开方式参见宝马 F15 PHEV 相关说明。

图 2-2-30　宝马 i8 高压安全插头安装位置

2.2.9 通用电动汽车

1. 别克 Velite5 混合动力汽车

别克 Velite5 混合动力汽车的动力电池含 192 个独立的三元锂离子电芯，2 个电芯并联在一起组成一个电芯组。动力电池共有 96 个电芯组。这些电芯组以电气连接方式串联连接。每个电芯组的额定电压为 3.7 V，动力电池系统额定直流电压为 355 V。动力电池由 3 个不同的电池模组组成。前 24 个电芯组组成电池模组 1。此电池模组与前围板相邻并且包括电芯组 73~96。接下来的 28 个电芯组组成电池模组 2。该电池模组位于电池模组 1 的后面，并包含电芯组 45~72。横向的电池模组是 3 号电池模组，该模组包含其余的 44 个电芯组 1~44。每个电池模组还包括 2 个温度传感器，分别位于电池模组的两端（共 6 个温度传感器）。

动力电池位于车辆下方。电池管理器、电流传感器和高压连接器位于动力电池总成内。

动力电池括 4 个高压接触器和 1 个固态继电器（晶体管）。高压接触器和晶体管能够使高压直流电连接到车辆，或在动力电池总成中容纳高压直流电。4 个高压接触器包括一个主正极高压接触器、一个主负极高压接触器、一个充电正极高压接触器和一个预充电负极高压接触器。晶体管控制动力电池加热器高压负极电路。

为了防止位于车辆高压部件中的电容出现大浪涌电流，接触器在混合动力/电动车辆动力总成控制模块的控制下按指定预充电顺序闭合。

动力电池温控系统采用液冷和加热模式，可对动力电池进行冷却，并在寒冷的气候环境下对动力电池进行加热操作。

2. 雪佛兰赛欧 springo 混合动力汽车

雪佛兰赛欧 springo 混合动力车型的动力电池含 336 个锂离子电芯。3 个锂离子电芯并联焊接成的电池称为一个电芯组。动力电池总成中共有 112 个电芯组。这些电芯组以电气连接方式串联连接。每个电芯组的额定电压为 3.3V，动力电池额定直流电压为 369V。每个电池模组中有 28 个电芯组。动力电池共有 4 个同等的电池模组。4 个电池模组是不可单独维修部件。动力电池管理器通过 8 个动力电池接口控制模块监测 112 个电芯组的电压。

动力电池管理器将诊断自身系统，并确定故障发生的时间。诊断和系统状态在动力电池管理器至混合动力/电动车辆动力系统控制模块之间通过串行数据进行通信。混合动力/电动车辆动力系统控制模块是故障诊断码（DTC）信息的主控制器。

动力电池位于车辆底部的后车轴上方。动力电池管理器、动力电池接口控制模块 1~8、动力电池接口控制模块 9（或称为电流传感器模块）、加热器控制模块和高电压接触器位于动力电池总成内。混合动力控制模块位于驾驶人座椅下。

2.2.10 丰田混合动力汽车

1. 普锐斯

普锐斯混合动力车型的动力电池采用镍氢蓄电池作为电芯，6 个电压为 1.2V 的镍氢蓄电池串联组成一个电池模块。动力电池共由 28 个电池模块串联而成，额定电压 201.6V，主熔断器 125A，动力电池采用风冷冷却。动力电池安装在行李箱内，后排座椅后方，如图 2-2-31 所示，动力电池组结构如图 2-2-32 所示。

图 2-2-31　普锐斯的动力电池安装位置

图 2-2-32　普锐斯的动力电池结构

动力电池在充放电过程中会产生热量，为了保证动力电池的工作性能，专门为动力电池设计了一套风冷冷却系统。冷却系统的鼓风机采用高功率无刷型电动机，并优化了内部结构，降低了运转时的噪声。动力电池冷却系统示意图如图2-2-33所示。

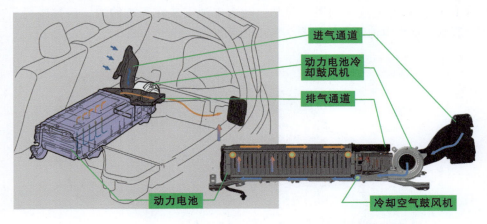

图2-2-33　动力电池冷却系统示意图

2. 凯美瑞

凯美瑞混动车型动力电池系统安装在后排座椅后的行李箱内，主要由动力电池、接线盒、动力电池电压传感器、逆变器和维修塞把手（手动维修开关）等组成。凯美瑞混动车型的动力电池安装位置如图2-2-34所示。

动力电池使用镍氢蓄电池作为电芯，6个1.2V的电芯串联组成一个电池模块，动力电池共由34个电池模块组成，并通过母线将这些电池模块串联在一起。动力电池共有204个1.2V的电芯，额定电压为244.8V（1.2V×204个电芯）。动力电池连接示意图如图2-2-35所示。

维修塞把手（手动维修开关）安装在行李箱右侧。维修塞把手（手动维修开关）内装有高压电动的主熔丝和互锁的舌簧开关。维修塞把手（手动维修开关）的断开操作如图2-2-36所示。首先沿箭头1的方向拉起卡子，再沿箭头2的方向扳动卡子，最后沿箭头3的方向拉出卡子。

在进行任何检查或维修前，应首先拆下维修塞把手（手动维修开关）使高压电路在动力电池的中间位置切断，以

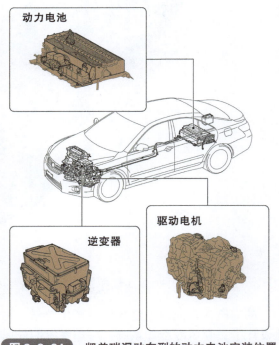

图2-2-34　凯美瑞混动车型的动力电池安装位置

确保维修期间的安全。

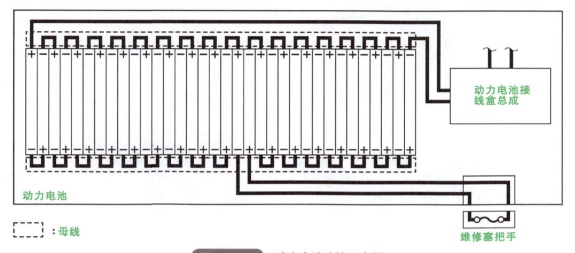

图 2-2-35　动力电池连接示意图

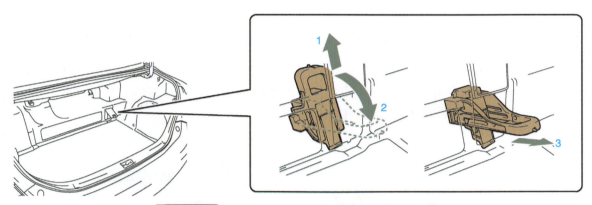

图 2-2-36　维修塞把手（手动维修开关）的断开操作

3. 雷凌/卡罗拉

丰田雷凌/卡罗拉双擎混动车型的动力电池同样采用镍氢蓄电池作为电芯，6 个电芯串联组成一个电池模块，动力电池共由 28 个电池模块组成，总计 168 个电芯，额定电压为 201.6V（1.2V×168）。动力电池内部连接的示意图如图 2-2-35 所示。动力电池与维修塞把手（手动维修工具）安装位置如图 2-2-34 所示。

2.2.11　本田混合动力汽车

本田雅阁/思铂睿混合动力车型的动力电池采用锂离子电芯组成电芯组，电芯组电压为 3.6V。18 个电芯组组成一个电池模组，动力电池共有 4 个电池模组，总计 72 个电芯组。动力电池额定电压为 259V，采用空气冷却。动力电池组成如图 2-2-37 所示。

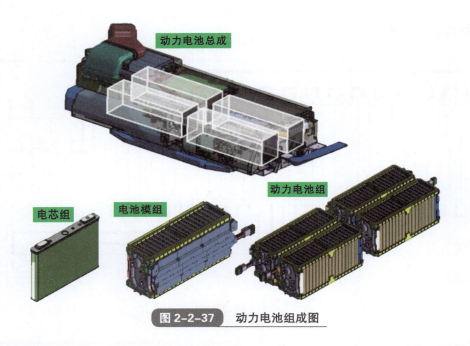

图 2-2-37 动力电池组成图

2.2.12 奥迪混合动力汽车

奥迪 A6L、Q5、A8（48V 轻型混动车辆除外）采用三元锂离子电芯组成电芯组，电芯组电压为 3.7V。动力电池共由 72 个电芯组串联而成，额定电压为 266V。奥迪 A6L、Q5、A8（48V 轻型混动车辆除外）的动力电池外观如图 2-2-38 所示。

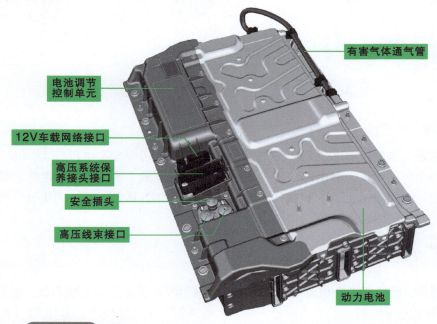

图 2-2-38 奥迪 A6L、Q5、A8（48V 轻型混动车辆除外）的动力电池

2018 款全新奥迪 A8L 部分车型搭载了 48V 轻型混动系统。系统主要特点是采用了 48V 动力电池 A6 和起动发电一体机 C29。

48V 动力电池采用锂离子电芯组成电芯组，电芯组电压为 3.68V，动力电池共有 13 个电芯组。2018 款全新奥迪 A8L 48V 动力电池安装位置如图 2-2-39 所示。

图 2-2-39　2018 款全新奥迪 A8L 48V 动力电池安装位置

2.2.13　保时捷混合动力汽车

2016 款保时捷卡宴插电式混动（Cayenne S E-Hybrid）车型采用了额定电压为 382V 的水冷式锂离子动力电池。动力电池采用锂离子电芯组成电压为 3.69V 的电芯组，动力电池总成共由 104 个电芯组串联而成。动力电池安装在行李箱盖板下部，如图 2-2-40 所示。

图 2-2-40　2016 款保时捷卡宴插电式混动（Cayenne S E-Hybrid）车型的动力电池安装位置

2.2.14 大众插电混合动力汽车

大众途观 L PHEV 的动力电池采用三元锂离子电芯，电芯组电压为 3.6V，12 节电芯组串联组成一个电池模组，再由 8 个电池模组进行串联，这样就得到 96 节电芯组组成的动力电池。动力电池额定电压为 352V，电压范围为 240~400V，额定容量为 37A·h，冷却方式为水冷式。途观 L PHEV 的动力电池外观如图 2-2-41 所示，内部组成如图 2-2-42 所示。

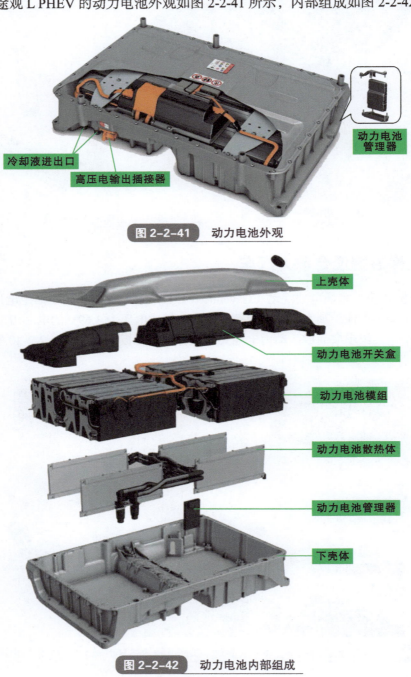

图 2-2-41　动力电池外观

图 2-2-42　动力电池内部组成

2.3 动力电池管理系统

动力电池管理系统通过检测电池组中各电芯的状态来确定整个动力电池系统的状态，并根据它们的状态对动力电池系统进行对应的控制调整和策略实施，实现对动力电池系统及各电芯的充放管理，以保证动力电池系统安全稳定地运行。

动力电池管理系统的核心动力电池控制器一般安装于动力电池总成内部。动力电池控制器是电池管理系统核心部件，监测并上报电芯电压、电流、温度及整车高压绝缘等信息至整车控制单元（VCU），VCU根据以上信息控制动力电池总成充放电。典型的动力电池管理系统架构如图2-3-1所示。

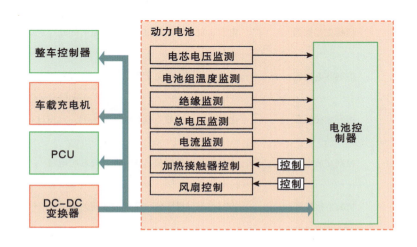

图2-3-1 典型的动力电池系统架构图

电池控制器主要包含以下控制功能：

① 控动力电池总成状态，并传输给VCU，避免过电压、过放电、过电流及温升过快等故障。

② 在充放电过程中，出现例如过电压、过放电、过电流等异常时，及时发现故障并要求VCU断开主回路接触器。

③ 均衡功能使电池电压一致性始终处于最佳状态，避免压差过大对充放电容量的影响。

④ 检测维修开关互锁回路状态，判断连接是否正常，并传输给VCU，当高压互锁回路不通时，车辆无法正常上电。

⑤ 检测动力电池总成绝缘状态，并传输给VCU，当绝缘状态不能满足要求时，车辆无法上电。

动力电池管理系统最重要的两项功能为动力电池保护和电量均衡。

1. 动力电池保护功能

动力电池需要在合理的充放电电压区间使用，一旦超出该区间，无论是过低或者过高，都会损坏动力电池。为了避免这些损害，动力电池控制器检测每个电芯的电压信息，并传送给 VCU，VCU 保证电芯工作在合理的电压范围内。动力电池保护功能控制策略见表 2-3-1。

表 2-3-1　动力电池保护功能控制策略

项目	控制策略	动作条件
过电压/过电流保护	控制充电电流	电芯电压接近充电上限电压时，逐步控制充电电流
	切断主接触器	电流、电芯电压超过上限值，且时间超过规定时间
过放电保护	控制放电电流	电芯电压接近放电下限值时，逐步控制放电电流
	切断主接触器	电芯电压低于放电截止电压下限值，且超过规定时间
过温保护	控制充放电电流	当温度接近极限值，逐步控制充放电电流
	切断主接触器	当温度超过极限值，且超过规定时间

2. 电量均衡功能

动力电池容量均衡的实现是通过电池控制器将电芯容量调节到一个目标值，电池控制器检测电芯电压信息，并根据信息打开均衡开关，形成一个放电回路，减小高电压电芯充电电流，直到将其电压降低到与其他电芯相同水平。电量均衡功能示意图如图 2-3-2 所示。

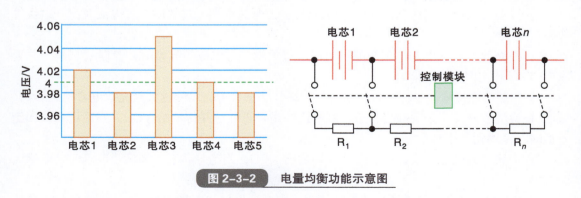

图 2-3-2　电量均衡功能示意图

江淮 iEV6 电动汽车的动力电池管理系统电路图如图 2-3-3 所示。

第 2 章 新能源汽车动力电池

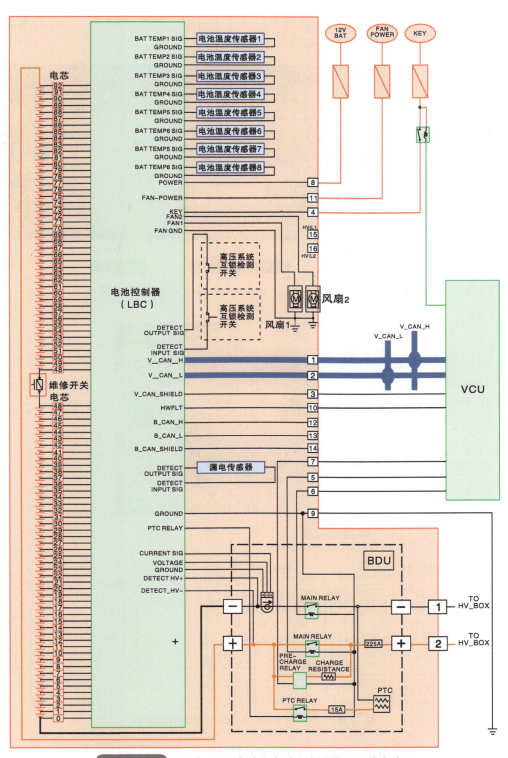

图 2-3-3　江淮 iEV6 电动汽车动力电池管理系统电路图

比亚迪 e5 的电池管理器外挂在高压电控箱总成后部，如图 2-3-4 所示。电池管理器外观和接口图分别如图 2-3-5 和图 2-3-6 所示。

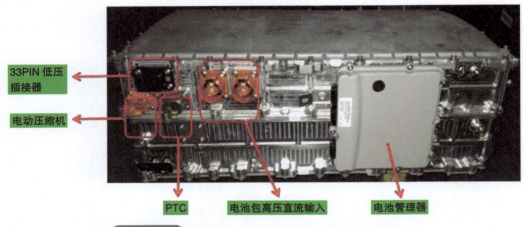

图 2-3-4　比亚迪 e5 电动汽车的电池管理器安装位置

图 2-3-5　比亚迪 e5 的电池管理器外观

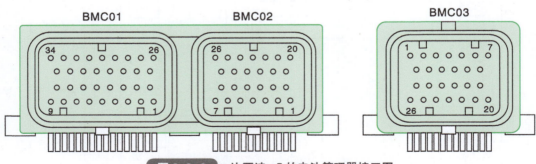

图 2-3-6　比亚迪 e5 的电池管理器接口图

使用万用表或示波器测量以上插接器各针脚与接地之间的信号，应满足表 2-3-2 所示的要求。

表 2-3-2　比亚迪 e5 电池管理器插接器各针脚信号标准

连接端子		端子描述	线色	条件	正常值
BMC01	1-GND	高压互锁输出信号	W	ON 档 /OK 档 / 充电	PWM 脉冲信号
	2-GND	一般漏电信号	L/W	一般漏电	小于 1V
	6-GND	整车低压地	B	始终	小于 1V
	9-GND	主接触器拉低控制信号	Br	整车上高压电	小于 1V
	10-GND	严重漏电信号	Y/G	严重漏电	小于 1V
	14-GND	12V 蓄电池正	G/R	始终	9~16V
	17-GND	预充接触器拉低控制信号	W/L	预充过程中	小于 1V
	26-GND	直流霍尔信号	W/B	电源 ON 档	0~4.2V
	27-GND	电流霍尔 +15V	Y/B		9~16V
	28-GND	直流霍尔屏蔽地	Y/G		
	29-GND	电流霍尔 –15V	R/G	ON 档 /OK 档 / 充电	–16～–9V
	30-GND	整车低压地	B	始终	小于 1V
	31-GND	仪表充电指示灯信号	G	充电时	
	33-GND	直流充电正负极接触器拉低控制信号	Gr		小于 1V
	34-GND	交流充电接触器控制信号	G/W	始终	小于 1V
BMC02	1-GND	DC12V 电源正	R/B	ON 档 /OK 档 / 充电	11~14V
	4-GND	直流充电感应信号	Y/R	充电时	CC2
	6-GND	整车低压地	B	始终	
	7-GND	高压互锁输入信号	W	ON 档 /OK 档 / 充电	PWM 脉冲信号
	11-GND	直流温度传感器高	G/R	ON 档 /OK 档 / 充电	2.5~3.5V
	13-GND	直流温度传感器低	R/W		
	14-GND	直流充电口 CAN2_H	P		
	15-GND	整车 CAN1_H	P	ON 档 /OK 档 / 充电	1.5~2.5V
	16-GND	整车 CAN 屏蔽地			
	18-GND	VTOG/ 车载充电感应信号	L/B	充电时	小于 1V
	20-GND	直流充电口 CAN2_L	V	直流充电时	
	21-GND	直流充电口 CAN 屏蔽地		始终	小于 1V
	22-GND	整车 CAN_H	V	ON 档 /OK 档 / 充电	1.5~2.5V
	25-GND	碰撞信号	Y/G	启动	约 –1.5V
BMC03	1-GND	采集器 CAN_L	V	ON 档 /OK 档 / 充电	1.5~2.5V
	2-GND	采集器 CAN 屏蔽地		始终	小于 1V
	3-GND	1# 分压接触器拉低控制信号	G/B		小于 1V
	4-GND	2# 分压接触器拉低控制信号	Y/B		小于 1V
	7-GND	BIC 供电电源正	R/L	ON 档 /OK 档 / 充电	9~16V
	8-GND	采集器 CAN_H	P	ON 档 /OK 档 / 充电	2.5~3.5V
	10-GND	负极接触器拉低控制信号	L/B	接触器吸合时	小于 1V
	11-GND	正极接触器拉低控制信号	R/G	接触器吸合时	小于 1V
	14-GND	1# 分压接触器 12V 电源	G/R	ON 档 /OK 档 / 充电	9~16V
	15-GND	2# 分压接触器 12V 电源	L/R	ON 档 /OK 档 / 充电	9~16V
	20-GND	负极接触器 12V 电源	Y/W	ON 档 /OK 档 / 充电	9~16V
	21-GND	正极接触器 12V 电源	R/W	ON 档 /OK 档 / 充电	9~16V
	26-GND	采集器电源地	R/Y	ON 档 /OK 档 / 充电	

2.4 动力电池系统的检查及零部件更换

2.4.1 安全注意事项

1. 高压预防措施

警告：
- 电动汽车包含一个高电压电池，如果对车辆和高压部件的处理方式不正确，有发生漏电、触电或类似事故的风险，因此一定要按照正确的程序检查和维护。
- 维修开关断开前，必须将钥匙置于 LOCK 档或拔下。
- 检查或维护高压系统之前断开维修开关，且在检查和维护过程中禁止任何人闭合维修开关。开始进行高压系统操作之前，一定要穿戴绝缘防护设备，包括手套、鞋子和眼镜。
- 维修人员在操作高压系统时，确保其他人不会碰车。在不进行维修保养工作时，对高压部分进行绝缘防护，以防止其他人员触摸到。
- 维修开关断开后，禁止钥匙置于 ON 档或转至 START 档。

① 高压线缆和安全标识：高压线缆均为橙色，动力电池总成和其他高压部件上有安全标识，不要触碰这些线缆和部件。

② 高压线缆端子的处理：高压线缆插接器拔出后，立即用绝缘胶带包裹。

③ 工作期间禁止携带物品：车辆包含有强磁性的零部件，因此在工作时不要带可能导致短路的金属产品或可能被损害的各种银行卡等磁性媒介。

2. 防护工具（表 2-4-1）

表 2-4-1 防护工具

工具名称	示意图	用途描述
绝缘手套 （保证防护 1000V/300A 的电）		拆解和安装高压零部件
皮手套 （使用能够束紧手腕的皮手套）		拆解和安装高压零部件 保护绝缘手套

（续）

工具名称	示意图	用途描述
绝缘鞋		拆解和安装高压零部件
防护眼镜	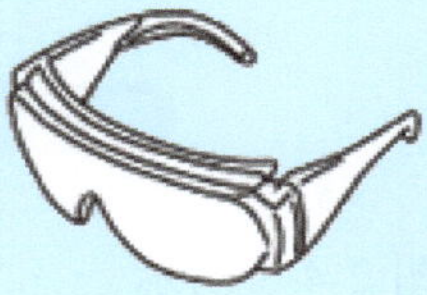	拆解和安装高压零部件 检修电线时防止火光飞溅，保护眼睛
绝缘帽		拆解和安装高压零部件
绝缘测试仪（兆欧表）	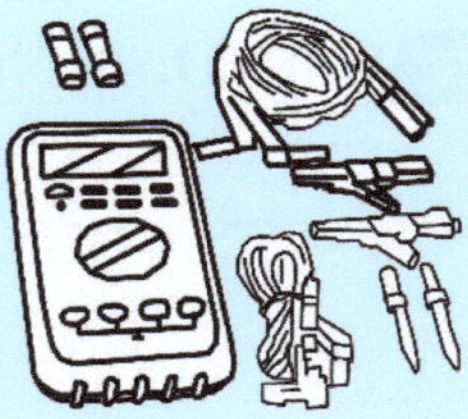	测量电压和绝缘电阻

2.4.2 比亚迪秦动力电池模组的拆卸与单独充电

1）拉动维修开关手柄呈竖直状态，并拔去维修开关，如图2-4-1所示。

注意：维修开关拔出时需要佩戴高压绝缘手套。

2）拆除低压蓄电池负极导线连接，如图2-4-2所示。

图 2-4-1　拆除手动维修开关

图 2-4-2　拆除低压蓄电池负极导线连接

3）拆除动力电池前、后盖板，如图 2-4-3 所示。

a)

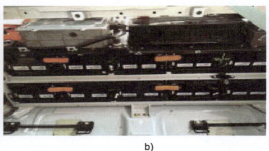
b)

图 2-4-3　拆除动力电池前后盖板

4）拆除动力电池前、后串联线，如图 2-4-4 所示。

注意：
需要佩戴高压绝缘手套。

5）拔取 BIC 采样线插接器，拆除 BIC 采样线固定板，如图 2-4-5 所示。
6）去除电池模组的固定螺栓，并取出电池模组，如图 2-4-6 所示。

注意：
戴好绝缘手套，小心地去除模组，避免挤压、碰撞。

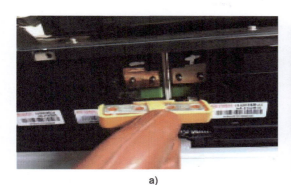
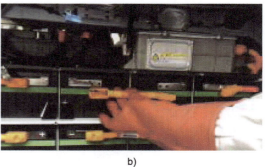

a)　　　　　　　　　　　　　　　　　b)

图 2-4-4　拆除动力电池前后串联线

a)　　　　　　　　　　　　　　　　　b)

图 2-4-5　拆卸 BIC 采样插接器和固定板

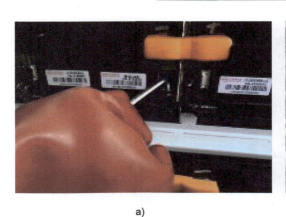

a)　　　　　　　　　　　　　　　　　b)

图 2-4-6　取出电池模组

7）搭接动力电池特定的串联线，将其中一个模组的负极与另一个模组的正极连起来（如图 2-4-7 所示，图 a 为取下两个模组的搭接情况；图 b 为取出一个模组后将串联线从其中穿过并将隔壁两个模组正负极搭接的方式）。

注意： 戴好绝缘手套且务必将串联线拧紧。

8）进入维修模式。

① 整车上 ON 档电。

② 连接诊断仪，进入高压电池管理器。

③ 选择"9"进入维修模式设置，如图 2-4-8a 所示。

④ 进入维修模式，如图 2-4-8b 所示。

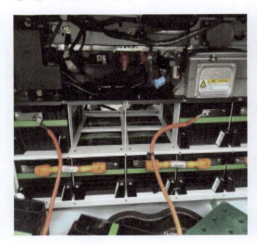

a)

b)

图 2-4-7　搭接动力电池模组

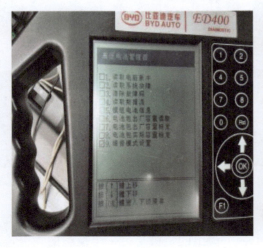

a)

b)

图 2-4-8　进入维修模式

9）退出重新进入当前工作模式查询，若显示已在维修模式（图2-4-9a），则现在可以插入充电枪对电池进行充电，系统也会针对更换的电池模组进行充电。

10）车载充电完成后，重新进入诊断仪，选择退出维修模式，如图2-4-9b所示。

> 动力电池充满电之后一定要记得退出维修模式。

a)

b)

图 2-4-9　进入和退出维修模式

在更换电池模组以及对电池模组进行充电时，应注意以下事项：

① 拆卸时一定要保证整车退至 OFF 档且维修开关处于断开状态。维修开关拔出和恢复时一定要佩戴绝缘手套。

② 拆卸动力电池前后部串联线及取出模组时一定要佩戴绝缘手套。

③ 拆卸动力电池前后串联线时一定不要两人同时操作，只能由一人单独完成！恢复过程也只能由一人单独完成。

④ 必须先将故障模组拆除，显示连接好之后才能用诊断仪请求进入维修模式。在 ON 档电请求完进入维修模式后直接插枪充电，若退电了则管理器复位，需要重新请求。

⑤ 维修模式下只能进行车载充电，若进行其他操作可能会有风险。

⑥ 拆除模组的采集器必须串联在线束上（即连接通信插接器）。

2.4.3 吉利电动汽车动力电池拆装

1)打开前机舱罩,断开蓄电池负极电缆。

2)断开直流母线(充电机侧)。

① 拆卸动力线束中的盖板。

② 断开充电机侧直流母线总成线束插接器,如图2-4-10所示。

③ 静止5min后,按照图2-4-11所示的方法使用万用表测量直流母线电压。母线电压低于36V方可进行后续步骤。

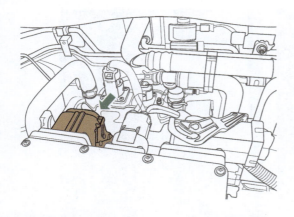

图2-4-10　断开充电机侧直流母线线束插接器

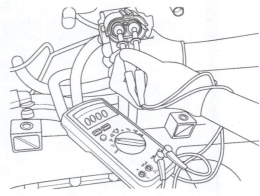

图2-4-11　使用万用表检测直流母线电压

3)排放动力电池冷却液。动力电池冷却液与驱动电机冷却液共用一个膨胀箱。

① 打开电机冷却液膨胀箱盖,如图2-4-12所示。

② 使用环箍钳脱开冷却液泵总成(电机控制器)进水管卡箍(图2-4-13),并脱开进水管,用回收容器接收放出的冷却液。

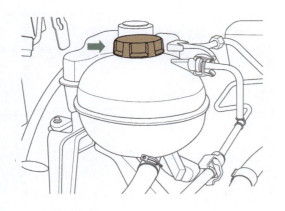

图2-4-12　打开电机冷却液膨胀箱盖

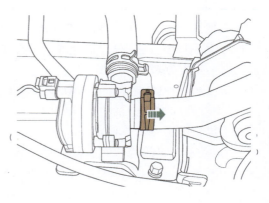

图2-4-13　脱开进水管

4）拆卸动力电池。

① 置入平台车，使用平台车支撑动力电池，如图 2-4-14 所示。

② 参照图 2-4-15 所示分别进行如下操作：拆卸动力电池接地线固定螺栓，断开动力电池接地线；断开动力电池与前机舱线束的两个插接器；断开动力电池两个高压线束插接器。

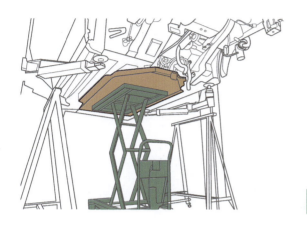

图 2-4-14　支撑动力电池　　图 2-4-15　拆卸动力电池连接线

③ 如图 2-4-16 所示，拆卸动力电池总成后部 3 颗固定螺栓。

④ 如图 2-4-17 所示，拆卸动力电池总成底部 18 颗固定螺栓。

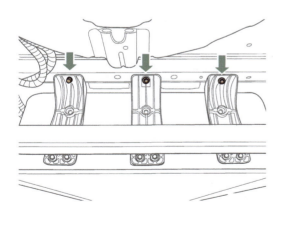 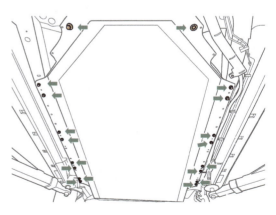

图 2-4-16　拆卸动力电池总成后部 3 颗固定螺栓　　图 2-4-17　拆卸动力电池总成底部 18 颗固定螺栓

⑤ 缓慢下降平台车取出动力电池总成。

2.5 动力电池系统常见故障诊断与排除

2.5.1 典型车系动力电池故障诊断

1. 动力电池系统故障码

动力电池系统故障码及说明见表 2-5-1。

表 2-5-1 动力电池系统故障码及说明

故障码	说明
P1C2604	电池放电故障等级 2
P1C2704	电池放电故障等级 3
P1C2804	电池放电故障等级 4
P1C6C04	BMS 报动力电池放电 6 级故障
P1C6D04	BMS 报动力电池放电 2 级故障
P1C718A	BMS 报动力电池放电 3 级故障
P1C728A	BMS 报动力电池放电 4 级故障
P1C6E04	BMS 报动力电池放电 5 级故障
P1C6B01	常规请求上高压等待预充超时
P1C6B02	充电请求上高压等待预充超时
P1C6B03	智能补电请求上高压等待预充超时
P1C6B04	对外放电请求上高压等待预充超时
P1C6B05	远程空调请求上高压等待预充超时
P1C6B06	常规请求上高压等待主继电器闭合超时
P1C6B07	充电请求上高压等待主继电器闭合超时
P1C6B08	智能补电请求上高压等待主继电器闭合超时
P1C6B09	对外放电请求上高压等待主继电器闭合超时
P1C6B0A	远程空调请求上高压等待主继电器闭合超时
P1C6B0B	常规请求上高压等待 DC-DC 工作超时
P1C6B0C	充电请求上高压等待 DC-DC 工作超时
P1C6B0D	智能补电请求上高压等待 DC-DC 工作超时
P1C6B0E	对外放电请求上高压等待 DC-DC 工作超时
P1C6B0F	远程空调请求上高压等待 DC-DC 工作超时
P1C6B10	常规快速上高压等待进入 HvReady 超时
P1C6B12	智能补电请求快速上高压等待进入 HvReady 超时
P1C6B13	对外放电请求快速上高压等待进入 HvReady 超时
P1C6B14	远程空调请求快速上高压等待进入 HvReady 超时

动力电池控制系统电路简图如图 2-5-1 所示。

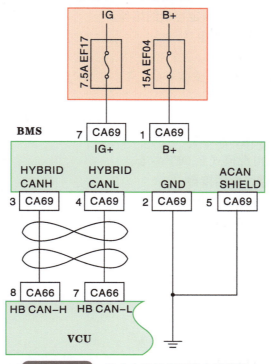

图 2-5-1　动力电池控制系统电路简图

2. 故障诊断步骤

（1）使用诊断仪读取故障码

1）操作起动开关使电源模式至 ON 状态。

2）连接诊断仪，读取系统故障码。

3）确认系统是否存在故障码。

◆是：优先排除其他故障码。

●否：进入第（2）步。

（2）初步基本检查

1）检查线束插接器有无损坏、接触不良、老化、松脱等迹象。

2）检查元器件是否有明显伤痕或破损。

3）上述检查都正常吗？

◆是：进入第（3）步。

●否：修理或更换损坏的部件。

（3）检查 BMS 控制器熔丝是否正常

1）操作起动开关使电源模式至 OFF 状态。

2）拔下熔丝，检查熔丝是否符合规定值，并检查熔丝是否熔断。

3）确认熔丝是否正常？

◆是：进入第（4）步。

●否：修理熔丝线路，更换额定容量的熔丝。

（4）检查 HB-CAN 网络完整性

1）检查 HB-CAN 网络完整性。

2）确认 HB-CAN 网络是否正常。

◆是：进入第（5）步。

●否：检查或维修 HB-CAN 总线通信故障，必要时更换或维修线束。

（5）检查 BMS 控制器电源线路

1）操作起动开关使电源模式至 OFF 状态。

2）断开 BMS 控制器线束插接器。

3）操作起动开关使电源模式至 ON 状态。

4）根据维修手册确定 BMS 供电端子状况。使用万用表测量供电端子与车身接地之间电压，标准值应为蓄电池电压。

5）确认测量值是否符合标准。

◆是：进入第（6）步。

●否：修理或更换线束。

（6）检查 BMS 控制器接地线路

1）操作起动开关使电源模式至 OFF 状态。

2）断开 BMS 控制器线束插接器。

3）根据维修手册确定 BMS 接地端子状况。使用万用表测量供电端子与车身接地之间电阻，标准值应小于 1Ω。

◆是：进入第（7）步。

●否：修理或更换线束。

（7）检查 BMS 控制器的通信线路

1）操作起动开关使电源模式至 OFF 状态。

2）断开 BMS 控制器线束插接器。

3）断开整车控制器 VCU 线束插接器。

4）根据维修电路确定 BMS 和 VCU 通信端子状况。使用万用表测量两个线束插接器之间的通信端子电阻，标准值应小于 1Ω。

5）确定测量值是否符合标准。

◆是：进入第（8）步。

●否：修理或更换线束。

（8）更换 BMS 控制器

1）更换 BMS 控制器。

2）确认更换 BMS 控制器后，系统是否正常。

◆是：系统正常，故障排除。

●否：进入第（9）步。

（9）更换整车控制器 VCU

1）更换整车控制器 VCU。
2）确认更换整车控制器 VCU 后，系统是否正常。
◆是：系统正常，故障排除。
●否：重新开始新的检查。

2.5.2 常见车型动力电池故障维修实例

1. 动力电池故障分级

动力电池故障按照其故障影响分为三级，具体见表 2-5-2。

表 2-5-2 动力电池故障分级

序号	类型	描述
1	三级故障	表明动力电池性能下降，电池管理系统降低最大允许充/放电电流
2	二级故障	表明动力电池在此状态下功能已经丧失，请求其他控制器停止充电或者放电；其他控制器应在一定的延迟时间内响应动力电池停止充电或者放电请求
3	一级故障	表明动力电池在此状态下功能已经丧失，请求其他控制器立即（1s 内）停止充电或放电。如果其他控制器在指定时间内未作出响应，电池管理系统将在 2s 后主动停止充电或放电（即断开高压继电器）
备注：其他控制器响应动力电池二级故障的延迟时间建议少于 60s，否则会引发动力电池上报一级故障		

2. 动力电池高压母线连接故障

此故障的报出是由于 BMS 检测不到高低压互锁信号所致，所以排查步骤如下：
① 首先用万用表检测线束端的 12V 是否导通，若导通则进入第②步。
② 检查 MSD 是否松动，重新插拔后若问题依然存在，则进入第③步。
③ 拔插高压线束，看是否存在接触不良问题，若无问题则进行动力电池的检测维修。

注意：根据统计，发生此故障的原因除了软件的误报之外，MSD 没插到位占到 70%，高压线束端问题占到 20%，电池内部线束连接出问题的几率很小。

绝缘故障说明：
无论动力电池自身还是动力电池外电路的高压回路上存在绝缘故障，动力电池都会上报，直接导致高压断开，在排查时要先断开动力电池与其他部件的连接，然后用绝缘测试仪一次测量各部件的绝缘值。建议优先排查方向：高压盒、电机控制器、空调压缩机、PTC。

3. 比亚迪秦 EV 模式预充失败（动力电池故障）

故障现象：
车辆上 OK 电后，发动机起动，无法转换到 EV 模式，当前电量 12%，动力系统故障灯点亮,仪表提示"请检查动力系统",读取故障码为:P1A3400—预充失败故障。

故障分析:

根据预充原理分析,导致该故障的原因有:

① 动力电池或 BIC(采集器)故障。

② 高压 BMS 故障。

③ 驱动电机控制器故障。

④ 线路连接故障。

故障排除:

① 在上 OK 电的预充过程中,读取驱动电机控制器数据流,发现当前总电压最高为 13V,无高压输入。

② 在上 OK 电的预充过程中,读取高压 BMS 数据流,确认 4 个分压接触器、预充接触器、负极接触器皆处于正常的吸合状态,由此判断高压 BMS 控制各接触器正常,应属于某个接触器或动力电池故障,导致高压电并未输入至驱动电机控制器。

应按高压电的走向(图 2-5-2),依次进行测量。

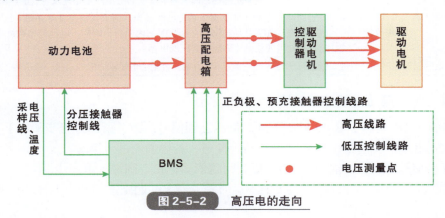

图 2-5-2　高压电的走向

③ 整车退电,再上 ON 档电,按照图 2-5-3 所示测量动力电池正负极电压为 0V(正常应为动力电池总电压),故分析是某分压接触器未正常吸合或电池模组故障导致。

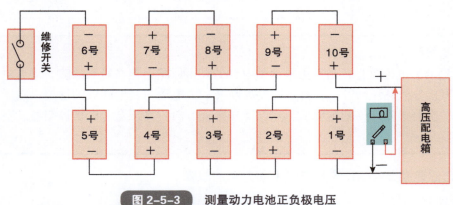

图 2-5-3　测量动力电池正负极电压

④ 分别对 10 个电池模组电压进行测量,测量发现 2 号模组电压为 0V(图 2-5-4),确

认 2 号电池模组故障或 2 号模组的分压接触器线路故障、高压 BMS 故障。

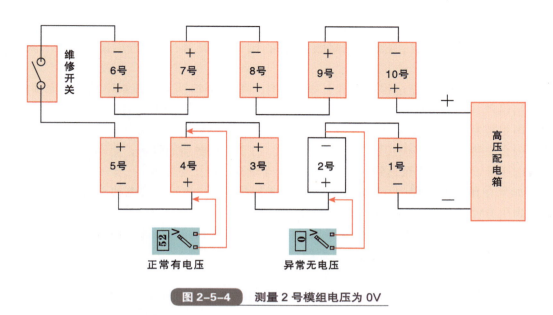

图 2-5-4　测量 2 号模组电压为 0V

⑤ 拔开 2 号模组分压接触器插接器，测量线束端，两根线路之间有 12V 电（图 2-5-5），证明 BMS 及线路端正常，更换 2 号模组，故障排除。

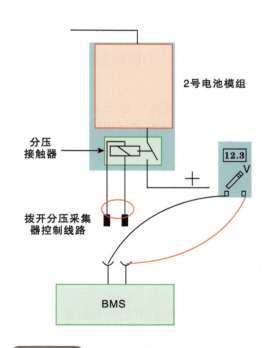

图 2-5-5　测量 2 号模组分压接触器插接器

维修小结：

① ON 档电动力电池预充接触器控制逻辑：车辆上 ON 档电，高压 BMS 直接控制 4 个分压接触器吸合，分压接触器吸合后高压 BMS 对动力电池进行检测，如有漏电、采样线故障等电池异常情况，4 个分压接触器将断开，如无异常，4 个分压接触器将一直处于吸合状态。

② 上 OK 档电预充过程：车辆上 OK 档电，高压 BMS 吸合高压配电箱的预充接触器、负极接触器，驱动电机控制器的直流输入母线电压上升，当达到动力电池总电压的 2/3 时，驱动电机控制器给高压 BMS 发送命令，高压 BMS 接收到预充完成命令后，断开预充接触器，吸合主接触器（正极接触器），预充完成。由于主接触器的吸合，驱动电机控制器直流母线电压继续升高，直至达到动力电池电压，车辆高压电上电完成。

如果在预充的过程中，驱动电机控制器未能接收到 2/3 的动力电池总电压，则预充失败，高压 BMS 报出：P1A3400（预充失败故障）。

如果预充完成，但由于主接触器故障等原因，导致驱动电机控制器直流输入母线电压未能达到动力电池电压，则驱动电机控制器报出：高压侧输入欠压。

③ 动力电池判断：由于动力电池 10 个模组中只有 2 号、4 号、6 号、8 号有分压接触器，因此，如测量时发现 2、4、6、8 号电池模组无电压时需对分压接触器线路进行测量，其他模组无电压，可直接判断为动力电池故障。4 个分压接触器集成在电池模组内，由高压 BMS 控制 12V、接地；因此测量分压接触器时拔开分压接触器插接器测量线束端两根针脚之间是否有 12V 电，如有则可判定高压 BMS 控制及线路正常。

④ 如果在上 OK 电的过程中，驱动电机控制器直流输入母线电压有所升高，但是依旧无法达到动力电池总电压的 2/3，则先拔开电动空调、PTC 进行测试。

4. 比亚迪秦行驶中无能量回收（电芯电压过高故障）

故障现象：

车辆在 HEV 模式行驶，仪表上的能量传递图上无动力电池能量回收显示，读取高压 BMS 故障码为：单节电池电压（比亚迪诊断仪器中称电芯为单节电池）高故障。

原因分析：

电芯电压的采集是由各电池模组的 BIC 负责，通过 CAN 总线反馈至高压 BMS，因此导致电芯电压过高故障的原因有：

① 电池模组故障。

② BIC 故障。

故障排除：

① 进入高压 BMS，选择"读取数据流"，读取最高电压：3.547V，高压电池（即电芯）：48，如图 2-5-6 所示。

② 进入高压 BMS，选择"模组电池信息"，分别读取 10 个模组中的"最高单节电池电压"，确认 3 号模组中最高电压：3.55V，电芯编号为 14（图 2-5-7），与数据流中的最高电芯电压相同，因此判定动力电池中电芯电压过高的是 3 号模组中的 14 号电芯。

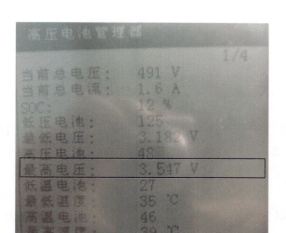 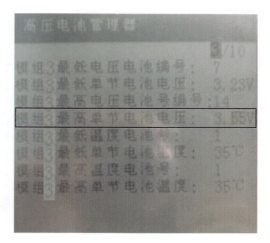

图 2-5-6　读取 BMS 数据流　　　　图 2-5-7　读取模组电池信息

③ 根据动力电池各模块内电池数量的差异，1号、3号、5号 BIC 可以进行互换，于是将 3号、5号 BIC 进行对调，再次确认 3号模组与 5号模组的最高电池电压，发现最高电压 3.55V 的电芯在 5号模组中，于是判断 3号模组故障。

④ 更换 3号模组后故障排除。

维修小结：

① BIC 交叉验证时的互换性：动力电池由 10 个模组组成，每个模组内电芯节数并非完全相同，只有电芯节数相同的模组，BIC 才可以互换，各模组内电芯节数如图 2-5-8 所示。

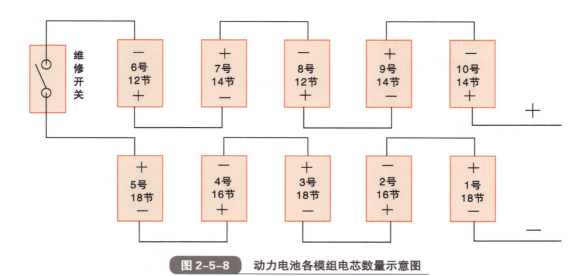

图 2-5-8　动力电池各模组电芯数量示意图

数据流中的电池编号是从 1 号模组开始计算，例如：48 号电池是 18（1 号模组节数）+16（2 号模组节数）+14（3 号模组第 14 节）。以此方法确认每节电池是在哪个模组内的具体位置。

② 如果调换 BIC 后，模组电池信息数据未变化，则是 BIC 故障。

5. 江淮 iEV5/iEV6 电芯充电均衡

当一个电芯不正常时，需要更换该电池模组。更换后，需对新的电芯进行充电均衡操作，使其与动力电池总成的其他电芯电压一致。

电芯充电均衡操作步骤如下：

步骤一：检查目标电压值

使用诊断工具读取动力电池电芯电压数据。

① 整车上电，连接诊断工具。

② 读取数据。

③ 检查最高电芯电压位置编号。

目标电压值：最高电芯电压。

步骤二：检查电芯电压

注意：此项工作需要在 0~40℃ 的环境温度下执行。

① 若电芯电压低于目标电压值，转至步骤四。

② 若电芯电压高于目标电压值，转至步骤三。

步骤三：电芯放电

使用均衡器将电芯电压放电至 3.0V。

步骤四：电芯电压调节

① 在模组电压均衡器中充电，电压充至目标值。

② 电芯电压调节后转至步骤五。

步骤五：检查模组电压

从均衡器上移去模组。使用万用表检查电压是否在规定区间内。

标准：目标电压 ±40mV。

检查结束。

6. 动力电池系统常见故障原因及排除方法

动力电池系统常见故障有绝缘故障、电芯电压过高/过低、电芯温度过高/过低、动力电池放电过电流、动力电池充电过电流、动力电池温度不均衡、动力电池内阻增加等。动力电池常见故障原因及排除方法见表 2-5-3。

表 2-5-3　动力电池常见故障原因及排除方法

故障名称	诊断条件（DTC）	可能原因或部位	处理方法
绝缘故障	整车高压系统与低压地之间的绝缘电阻值较低（轻微绝缘故障） 整车高压系统与低压地之间的绝缘电阻值非常低（严重微绝缘故障）	①整车高压线束 ②动力电池 ③动力电池管理器	①检查动力电池总成的绝缘状态。使用兆欧表检查维修开关绝缘状态，判断是否为电池内部高压绝缘故障。 ◆是：转至第②步。 ●否：转至第③步。 ②检查整车高压系统的绝缘你状态。先将置于 LOCK 档或拔出。使用兆欧表，测量整车高压系统与低压地之间的绝缘电阻。检测结果是否正常？ ◆是：更换动力电池管理器。 ●否：转至第③步。 ③拆检动力电池，排除动力电池总成内部绝缘问题。 ④使用诊断仪清除故障码
电芯电压过高	电芯电压超过允许工作电压范围	①VCU ②电芯 ③动力电池管理器 ④线束或插接器	①使用诊断仪查询电芯信息。查询最高电芯对应的电压和编号。更换 VCU。故障是否排除？ ◆是：VCU 故障。 ●否：转至第②步。 ②拆卸动力电池总成，更换异常的电芯。按照操作流程拆卸对应模组总成，更换对应电芯
电芯电压过低	电芯电压低于允许工作的电压范围	①电芯 ②动力电池管理器 ③用户使用习惯	①使用诊断仪查询电芯信息。查询最低电芯对应的电压和编号。更换 VCU。故障是否排除？ ◆是：VCU 故障。 ●否：转至第②步。 ②拆卸动力电池总成，更换异常的电芯。按照操作流程拆卸对应模组总成，更换对应电芯。 ③矫正用户使用习惯
电芯温度过高	动力电池温度非常高	①驱动电机或 VCU ②电芯 ③风扇 ④温度传感器 ⑤环境温度 ⑥大电流放电 ⑦动力电池管理器	①首先确认整车是否在温度较高的环境下长时间大电流放电。 ◆是：检查结束。 ●否：转至第②步。 ②拆卸动力电池总成，检查风扇工作状态。首先给动力电池总成供 12V 低压电，检查风扇工作状态。如正常则更换电池控制器；不正常则继续检查风扇控制线束。控制线束不正常应更换，正常需检查并更换风扇总成。 ③检查温度传感器。用诊断仪读取电池管理器温度信息，检查并定位有异常的温度传感器。拆检并更换有问题的温度传感器或线束
电芯温度过低	动力电池温度过低	①天气寒冷 ②长时间搁置 ③温度传感器失效	①首先确认整车是否在温度较低的环境下长时间搁置。 ②检查温度传感器。用诊断仪读取电池管理器温度信息，检查并定位有异常的温度传感器。拆检并更换有问题的温度传感器或线束

（续）

故障名称	诊断条件（DTC）	可能原因或部位	处理方法
动力电池放电过电流	动力电池放电电流超过正常工作范围	① 电流传感器 ② 整车高压线束 ③ 动力电池管理器	① 检查动力电池总成维修开关熔断器是否正常。 ◆ 是：检查动力电池控制器。 ● 否：更换维修开关插头；转至第②步。 ② 检查整车高压线束是否短路。 ◆ 是：更换整车高压线束。 ● 否：转至第③步。 ③ 拆卸动力电池总成检查动力电池总成是否短路。 ◆ 是：维修或更换相关高压部件。 ● 否：检查结束
电芯静态压差过大	电池管理器检测到电芯静态电压过大	① 动力电池管理器 ② 高压连接铜排 ③ 电芯 ④ 电压采样线束	① 使用诊断工具读取电池管理器诊断信息，查询异常电芯电压及编号。 ② 拆卸动力电池总成，将异常电芯电压采样线束拔下，使用万用表测量线束端相对的采样端口 | 万用表笔正极	万用表笔负极	是否与LBC测量值一致
---	---	---
单芯号对应端子	前一个单芯号对应端子	一致（±10mV）	 检测结果是否一致？ ◆ 是：更换动力电池管理器。 ● 否：更换电芯
电芯动态压差过大	电池管理器检测到电芯静态电压过大	① 动力电池管理器 ② 高压连接铜排 ③ 电芯 ④ 电压采样线束	① 使用诊断工具读取电池管理器诊断信息，查询异常电芯电压及编号。 ② 拆卸动力电池总成，检测异常电芯附近的高压连接铜排固定螺栓是否松动。 检测结果是否正常？ ◆ 是：维修或更换相应的高压连接铜排。 ● 否：更换电池管理器
动力电池内阻增大	电池管理器检测到动力电池内阻有明显增加	① 电芯 ② 动力电池管理器	① 使用诊断工具读取电池管理器诊断信息，查询异常电芯电压及编号。 ② 拆卸动力电池总成，更换电池控制器，电池组上电，确认电池控制器是否报故障。 ◆ 是：进入第③步。 ● 否：安装固定电池管理器。 ③ 拆卸异常电芯所在的模组总成，检测确认异常电芯的内阻是否正常。 ◆ 是：维修或更换相应的高压连接铜排。 ● 否：更换电芯

第 3 章 高压配电系统

Chapter 3

3.1 高压配电系统基本作用与原理　　74

3.2 常见新能源汽车高压配电系统　　75

3.3 高压配电系统检查及零部件更换　　95

3.4 高压配电系统常见故障诊断与排除　　100

3.1 高压配电系统基本作用与原理

新能源汽车都有一套高压配电系统。高压配电系统由动力电池通过高压配电箱为电机控制器、驱动电机、电动空调压缩机、PTC加热器等高压部件供电。此外，动力电池还有一套直流充电快充系统和交流充电慢充系统。

高压配电系统一般以高压配电箱为中心，动力电池通过高压配电箱向各高压部件供电。有些车型高压配电箱也称为分线盒（吉利车系）、高压配电单元（荣威车系）、高压接线盒（江淮车系）、高压配电模块（比亚迪车系）、高压控制盒（北汽车系）等，本书中统一称为高压配电箱。

高压配电箱在部分车型中单独安装，还有部分车型将其与其他部件封装在一起。如吉利帝豪 GSe 车型高压配电箱安装在车载充电机内、比亚迪 e5/秦 EV 高压配电箱安装在高压电控总成内。无论高压配电箱布置在什么部位，其功能和原理都是相同的，高压配电系统组成如图 3-1-1 所示。

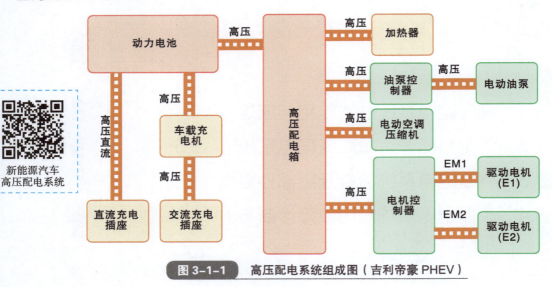

图 3-1-1 高压配电系统组成图（吉利帝豪 PHEV）

1. 高压配电盒

高压配电盒的主要作用是将动力电池的高电压配送给各高压系统。高压配电盒内安装有各高压系统的熔断器，对高压系统起到保护作用。

2. 充电口

新能源汽车充电口包含直流充电口和交流充电口。直流充电口接收直流充电桩电能，并通过高压线束将电能输送给动力电池，为其充电。新能源的快充充电即为直流充电模式。

交流充电口接收交流电，通过高压线束将电能输送给车载充电机，车载充电机将交流电转化为直流电，通过直流母线传递给动力电池。

3. 电机三相线

车辆行驶时，电能从动力电池输出，经过直流母线、高压配电箱、电机控制器供电高压线输送给电机控制器。动力电池的直流电在电机控制器内被逆变为驱动电机所需要的三相交流高压电，再通过电机三相线输送给电机，驱动电机运转，如图3-1-2所示。

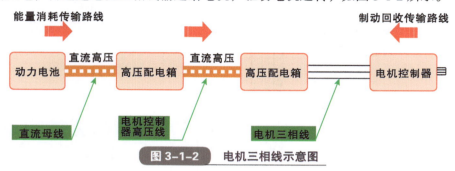

图 3-1-2　电机三相线示意图

3.2　常见新能源汽车高压配电系统

3.2.1　荣威 eRX5 PHEV

上汽荣威 eRX5 PHEV 插电式混动车型高压配电系统由高压配电箱（荣威车型称之为高压配电单元 PDU）、电动空调压缩机、DC-DC 变换器、交流充电口、车载充电机、直流快充充电口以及相应的高压电缆等组成，如图 3-2-1 所示。高压配电系统电气连接示意图如图 3-2-2 所示。

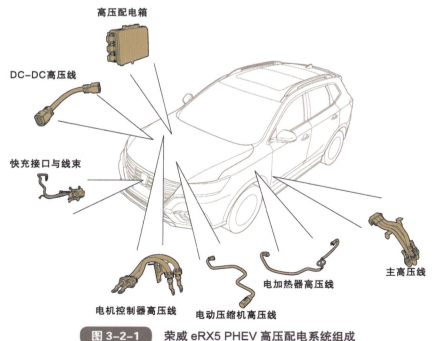

图 3-2-1　荣威 eRX5 PHEV 高压配电系统组成

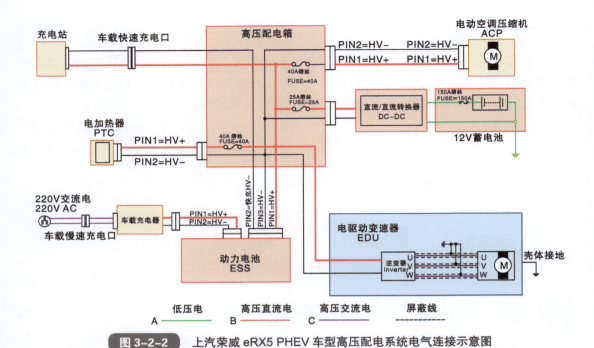

图 3-2-2　上汽荣威 eRX5 PHEV 车型高压配电系统电气连接示意图

高压配电系统线束、端子位置及端子详解分别如图 3-2-3 和图 3-2-4 所示。

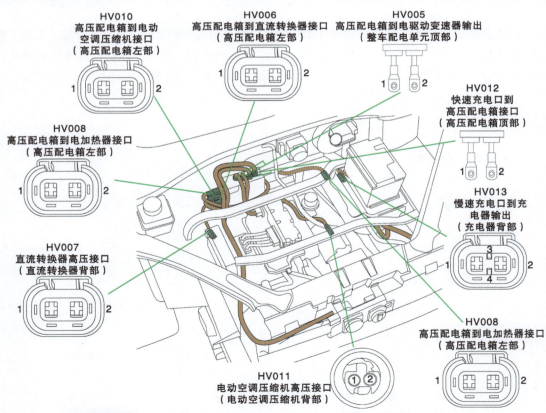

图 3-2-3　上汽荣威 eRX5 PHEV 车型配电系统高压线束及接口位置（一）

第 3 章　高压配电系统

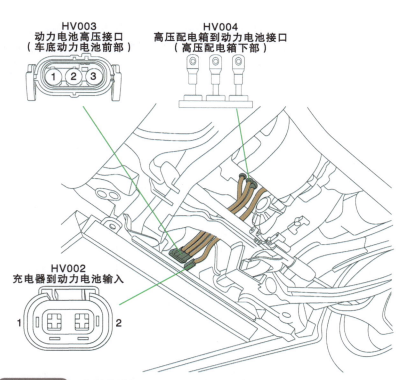

图 3-2-4　上汽荣威 eRX5 PHEV 车型配电系统高压线束及接口位置（二）

3.2.2　吉利帝豪 GSe

吉利帝豪 GSe 电动汽车高压配电系统以集成在车载充电机内的高压配电箱为核心，向高压系统提供高压电，高压配电系统零部件位置如图 3-2-5 所示。吉利帝豪 GSe 电动汽车车载充电机除了为动力电池充电外，还具有动力电池输出分配能力，高压配电盒集成在充电机中。高压配电盒类似于低压供电系统中的熔断器，负责高压电能的分配和高压回路的过载及短路保护。

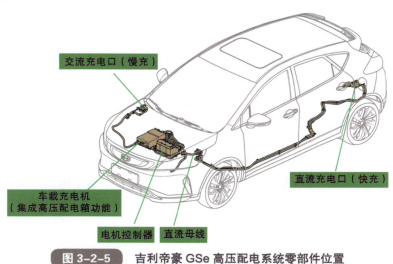

图 3-2-5　吉利帝豪 GSe 高压配电系统零部件位置

车载充电机内的高压配电箱将动力电池的电能分配给电机控制器、电动空调压缩机和PTC加热器。并且在高压配电箱内分别针对电动空调压缩机回路、PTC加热器回路、交流慢充回路各设一个40A的熔断器。吉利帝豪GSe电动汽车高压配电箱内部连接示意图如图3-2-6所示，高压配电系统电气原理框图如图3-2-7所示。

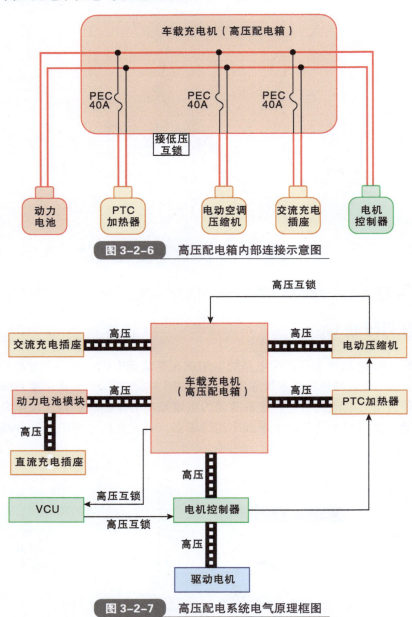

图3-2-6 高压配电箱内部连接示意图

图3-2-7 高压配电系统电气原理框图

配电系统驱动电机高压线束安装在前机舱，如图3-2-8所示。电动空调压缩机及电加热器高压线束如图3-2-9所示。

第 3 章 高压配电系统

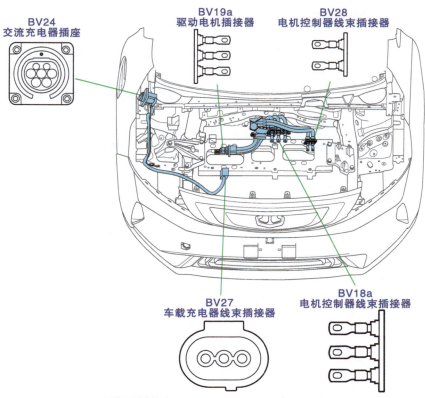

图 3-2-8　配电系统驱动电机高压线束

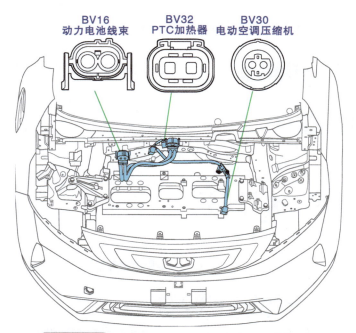

图 3-2-9　电动空调压缩机 PTC 加热器高压线束

3.2.3 吉利帝豪 PHEV

吉利帝豪 PHEV 高压配电系统主要包括以下部件动力线束总成、PEU 至电机（EM1）连接电缆、PEU 至电机（EM2）连接电缆、电动油泵高压线（插电混动车型）、PTC（电加热器）线束、分线盒（部分车型也称高压配电单元或高压配电盒）至 PEU 连接线缆等，如图 3-2-10 所示。

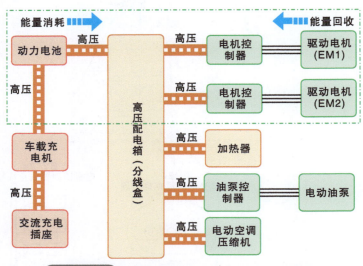

图 3-2-10　吉利帝豪 PHEV 高压配电系统组成图

吉利帝豪 PHEV 高压配电箱（吉利车系称之为分线盒）安装在车辆底部，配电系统动力线束及电机连接线束如图 3-2-11 所示。各线束插接器名称分别如图 3-2-12、图 3-2-13 所示。

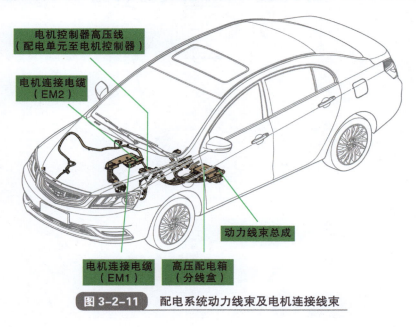

图 3-2-11　配电系统动力线束及电机连接线束

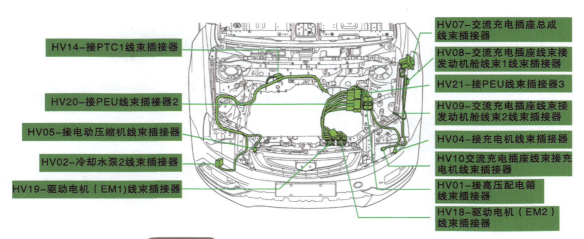

图3-2-12　高压配电系统各线束插接器名称图（一）

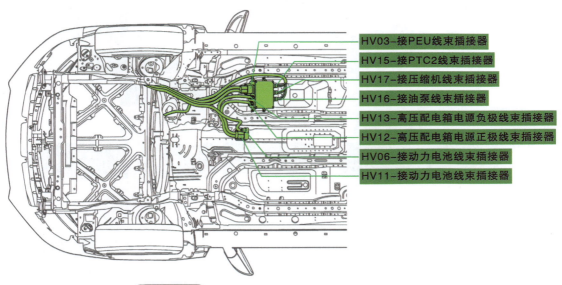

图3-2-13　高压配电系统各线束插接器名称图（二）

3.2.4　吉利帝豪EV300/EV450

吉利帝豪EV300/EV450配电系统与前面两款吉利新能源汽车类似，都是由高压配电箱（分线盒）、直流母线、电机三相线束、交流充电口、直流充电口以及相关高压线束等组成。配电系统组成原理框图可参见吉利帝豪GSe和帝豪PHEV。

吉利帝豪EV300配电系统动力线束主要集中在前舱，充电高压线束和充电口集中在车辆底部及尾部，如图3-2-14和图3-2-15所示。

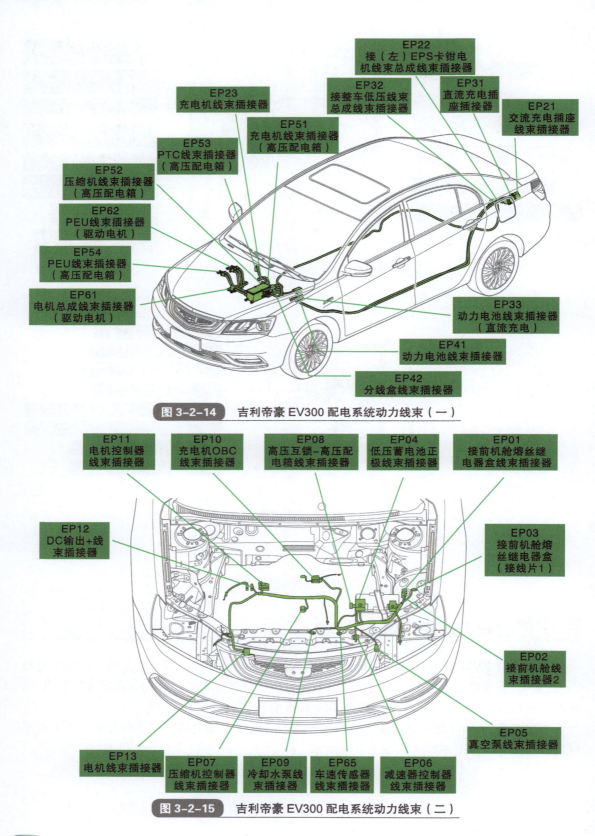

图 3-2-14 吉利帝豪 EV300 配电系统动力线束（一）

图 3-2-15 吉利帝豪 EV300 配电系统动力线束（二）

3.2.5 北汽 EV200

北汽 EV200 电动汽车高压配电系统以高压配电箱为核心，完成动力电池电源的输出及分配，实现对支路用电器的保护及切断。北汽 EV200 高压配电箱安装在前机舱内，同时前机舱内还安装有电机控制器、DC-DC 变换器、车载充电机等高压部件，如图 3-2-16 所示。

图 3-2-16　高压配电箱安装位置

高压配电箱外围插接器有快充插接器、低压控制插接器、高压附件插接器、动力电池插接器和电机控制插接器组成，如图 3-2-17 所示。

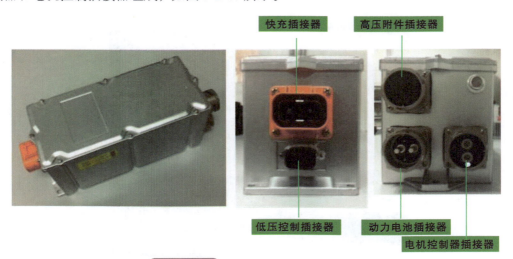

图 3-2-17　高压配电箱和外围插接器

高压配电箱内部有四个熔断器、PTC 控制板和快充继电器组成。四个熔断器分别保护 PTC 电路、电动空调压缩机电路、DC-DC 变换器电路和车载充电器电路。高压配电箱内部结构如图 3-2-18 所示。

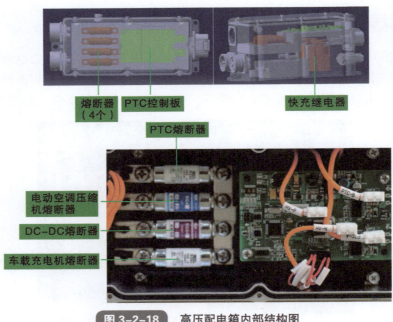

图 3-2-18　高压配电箱内部结构图

3.2.6　北汽 EU260

北汽 EU260 高压配电系统集成在 PEU 内部。PEU 将电机控制器、车载充电机、DC-DC 变换器和高压配电箱、快充继电器、熔断器、互锁电路等集成在一起，如图 3-2-19 所示。其中车载充电机和互锁电路在 PEU 另一侧，图中无法看到。

图 3-2-19　北汽 EU260 PEU 组成

PEU 内部有四个高压熔断器，分别为充电机、PTC 加热器、电动空调压缩机、DC-DC

变换器提供高压电并保护电路，如图 3-2-20 所示。

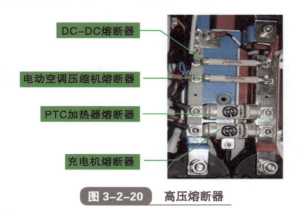

图 3-2-20　高压熔断器

3.2.7　比亚迪 e5/ 秦 EV

比亚迪 e5/ 秦 EV 高压配电箱集成在高压电控总成中。比亚迪 e5/ 秦 EV 高压电控总成又称"四合一"，集成双向交流逆变式电机控制器模块、车载充电器模块、DC-DC 变换器模块和高压配电模块，另外内部还装有漏电传感器。

比亚迪 e5/ 秦 EV 高压配电箱将电池包的高压直流电分配给整车高压电器使用，其上游是动力电池，下游包括双向交流逆变式电机控制器（VTOG）、DC-DC 变换器、PTC 加热器、电动空调压缩机、漏电传感器；同时，也将 VTOG 和车载充电机的高压直流电分配给动力电池。

比亚迪 e5/ 秦 EV 高压配电箱由铜排连接片、接触器、电流霍尔传感器、预充电阻等组成。动力电池正、负极输入接触器的吸合、断开由电池管理器控制。比亚迪 e5/ 秦 EV 高压配电箱内部结构如图 3-2-21 所示，由于拍摄角度所限，图中可看到霍尔电流传感器和五个主接触器。

图 3-2-21　比亚迪 e5/ 秦 EV 高压配电箱内部结构图

五个接触器，图 3-2-21 中从左至右依次为：放电主接触器、交流充电接触器、直流充电正极接触器、直流充电负极接触器、预充接触器。高压配电箱内部电路如图 3-2-22 所示。

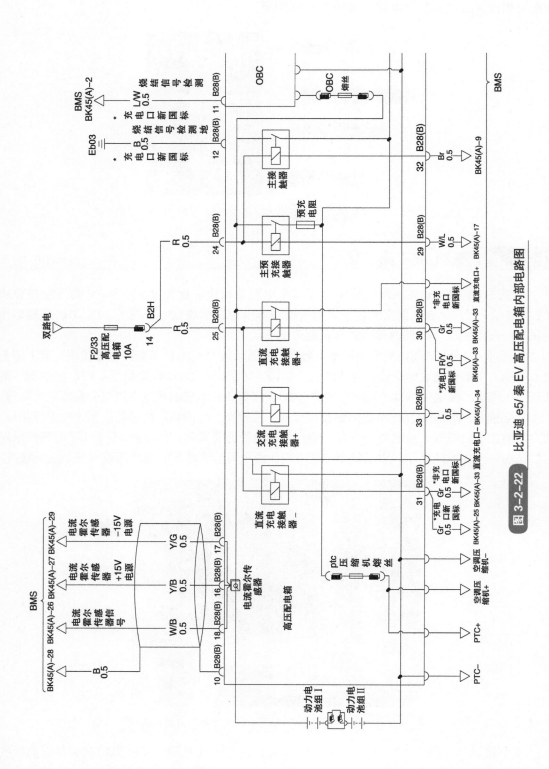

图 3-2-22 比亚迪 e5/秦 EV 高压配电箱内部电路图

3.2.8 长城C30EV

长城C30EV纯电动汽车的高压配电系统使用高压配电箱为电机控制器、PTC加热器、电动空调压缩机、车载充电机进行电源分配；将快充口与动力电池进行隔离，以保证车辆上高压电时，快充口无高压电，保障人身安全。

高压配电箱具有多路保护电路，内置2个快充高压接触器、车载充电机熔断器、PTC电加热器熔断器、电动空调压缩机熔断器、开盖检测装置以及连接它们的母排和线束等，如图3-2-23所示。

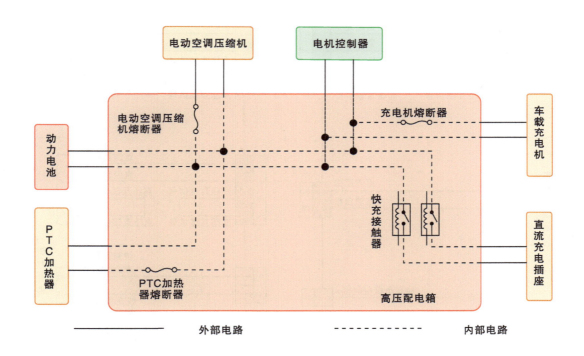

图 3-2-23　长城C30EV高压配电箱组成示意图

高压配电盒外部具有快充口、动力电池包、电机控制器、车载充电机、电动压缩机、电子加热器等器件高压接口以及高压配电盒到电机控制器之间的高压线束。

高压配电盒可提高整车布线简洁性，方便电路的开合操作，直观显示电路的连接状态，其性能好坏直接影响整车的高压用电安全。

高压配电系统组成框图如图3-2-24所示。

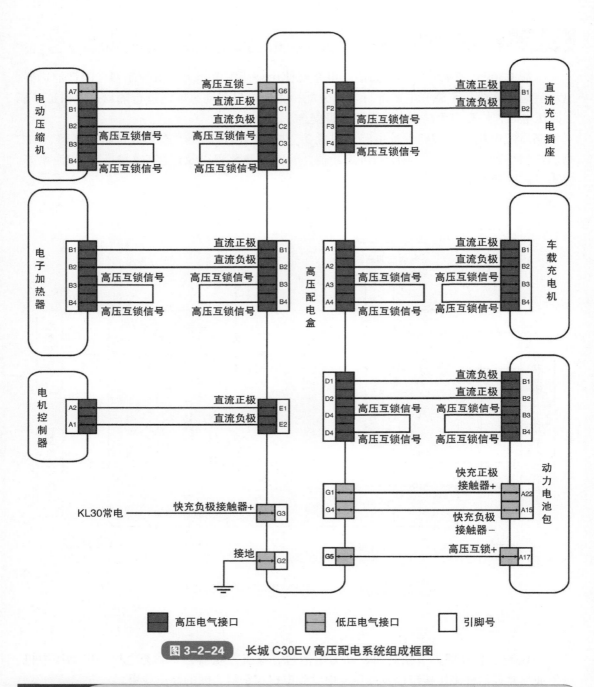

图 3-2-24 长城 C30EV 高压配电系统组成框图

3.2.9 长安逸动 PHEV

长安逸动 PHEV 高压配电系统以高压配电箱（长安车系称之为分线盒）为核心，将动力电池高压直流电分配给电动空调压缩机、PTC 加热器；并将交流充电座输入的交流电通过充电机转换升压后的高压直流电分配给动力电池，为动力电池充电。长安逸动 PHEV 高压配电系统零件、线束布置及高压互锁布置示意图如图 3-2-25 所示。

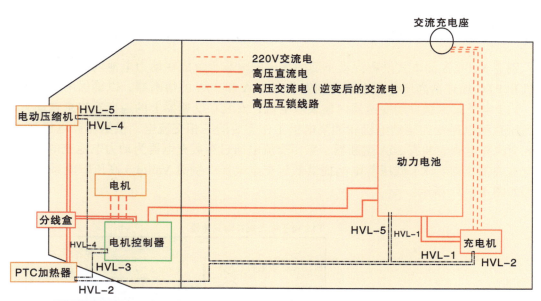

图 3-2-25　长安逸动 PHEV 高压配电系统零件、线束布置及高压互锁布置示意图

3.2.10　江淮 iEV6

江淮 iEV6 高压配电系统将动力电池的电能进行分配，并控制 PTC 加热器与直流充电回路的通断，同时还具有空调系统、直流充电、交流充电、电机控制等回路的过载保护的功能。高压配电系统组成示意图如图 3-2-26 所示。

配电系统线束分为高压主线束和高压配电线束。高压主线束将动力电池的电能输送到高压配电盒，具有键位防错和高压互锁功能。高压配电线束将动力电池的电能输送到 PTC 加热器、电动空调压缩机、电机控制器等高压用电设备，高压配电线束一端连接高压配电盒，另一端连接高压用电器。

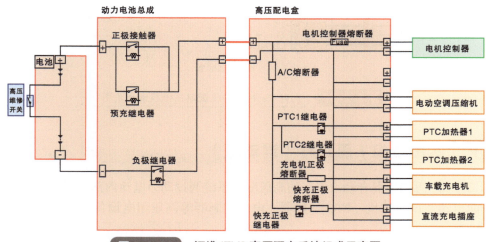

图 3-2-26　江淮 iEV6 高压配电系统组成示意图

3.2.11 别克 Velite 5

别克 Velite 5 插电式增程混动车型的高压配电装置集成在动力电池内部。电动空调压缩机和 PTC 加热器高压分配电路分别安装有 40A 和 30A 的熔断器，以确保两者的供电安全。T12 电子式无级自动变速器内集成双电机，安装在变速器上的逆变器将来自动力电池的高压直流电逆变为驱动电机和油泵电机工作需要的三相交流电，供给驱动电机和油泵。X98 交流充电座安装有 20A 熔断器，家用交流电通过车载充电器为动力电池充电，同时动力电池在需要时为 K1 低压蓄电池提供低压充电电能。别克 Velite 5 高压配电系统组成示意图如图 3-2-27 所示。

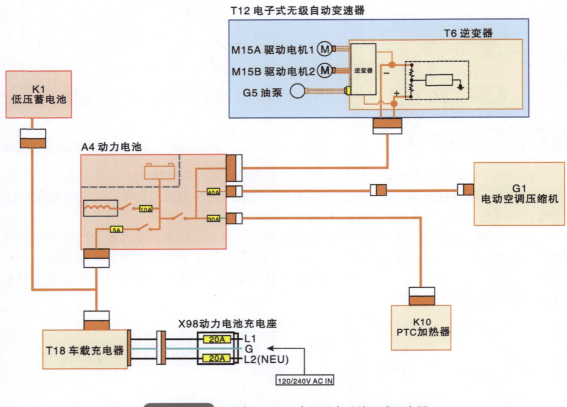

图 3-2-27　别克 Velite 5 高压配电系统组成示意图

3.2.12　本田雅阁/思铂睿（混动版）

本田雅阁/思铂睿混合动力汽车的高压配电系统通过动力电池内部接线板，在接触器的作用下向电动空调压缩机、PTC 加热器、电机控制器等高压用电设备供电，供电示意图如图 3-2-28 所示。

第 3 章 高压配电系统

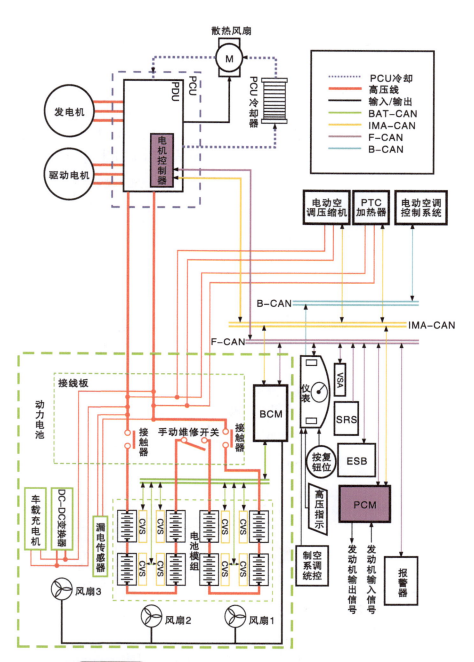

图 3-2-28 本田雅阁/思铂睿混合动力汽车高压配电系统

雅阁/思铂睿混合动力车型使用独特的混合网络连接高压单元和 PCV，称之为"IMA-CAN"，使用高速 CAN。动力电池传感器和电池控制器之间的网络称之为"BAT-CAN"，同样适用高速 CAN。"F-CAN"用于连接动力控制单元（PCU）、VSA、SRS、仪表等。"B-CAN"用于连接仪表和电子空调控制系统控制单元等。

3.2.13 大众途观 L PHEV

途观 L PHEV 插电混合动力车型的高压配电系统主要由电力电子装置（集成电机控制器、DC-DC 变换器）、车载充电机、电动空调压缩机、PTC 加热器等组成。动力电池电能通过直流母线进入电力电子装置，电力电子装置还是车载充电机与动力电池之间的连接部件。车载充电机集成高压配电功能，将动力电池电能分配给电动空调压缩机和 PTC 加热器。途观 L PHEV 高压配电系统器件连接示意图如图 3-2-29 所示。高压配电系统电路连接图如图 3-2-30 所示。

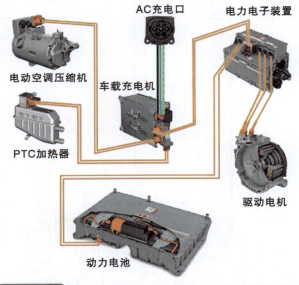

图 3-2-29 途观 L PHEV 高压配电系统器件连接示意图

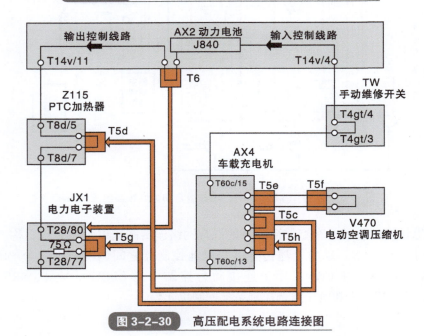

图 3-2-30 高压配电系统电路连接图

3.2.14 丰田混动车型

丰田混合动力车型的动力电池总成由动力电池、HV 接线盒总成、动力电池电压传感器、DC-DC 变换器和手动维修开关等组成。

HV 接线盒总成集成了系统主继电器接地（SMRG）、系统主继电器动力电池（SMRB）和动力电池电流传感器。主继电器根据来自混合动力车辆控制 ECU 的指令连接或断开高压动力系统。丰田混合动力车型 HV 接线盒的安装位置如图 3-2-31 所示。

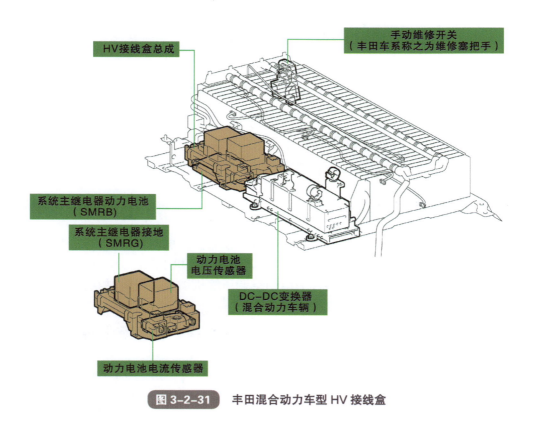

图 3-2-31 丰田混合动力车型 HV 接线盒

3.2.15 宝马新能源车型

宝马 i8 纯电动车型、i3 增程式电动汽车、X5 PHEV（F15）、X1 PHEV、F18 PHEV、530Le（F15 PHEV）等车型电机电子装置集成电机控制器、DC-DC、高压配电装置。高压配电装置为电动空调压缩机、PTC 加热器提供高压用电。高压配电装置中带有用于电动空调压缩机、PTC 加热器的高电压熔丝。高电压熔丝的额定电流为 80A。宝马新能源车型高压配电系统的组成如图 3-2-32 所示。

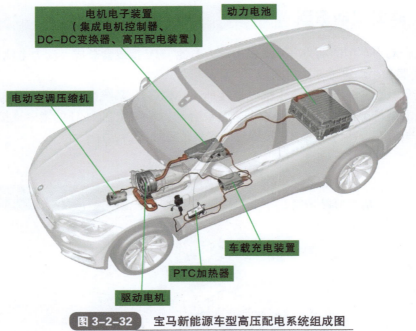

图 3-2-32　宝马新能源车型高压配电系统组成图

3.2.16　保时捷混动车型

Cayenne S E-Hybrid 车型没有安装专用的高压配电盒。电动空调压缩机和 PTC 加热器的配电分别由电源电子装置和车载充电器完成。车载充电机上未经分配的空闲连接线路直接与 PTC 加热器相连。电源电子装置为电动空调压缩机供电并提供过载保护。Cayenne S E-Hybrid 高压配电系统组成如图 3-2-33 所示。

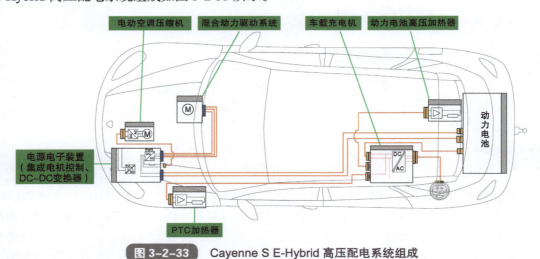

图 3-2-33　Cayenne S E-Hybrid 高压配电系统组成

图 3-2-34 所示为保时捷 Cayenne S E-Hybrid 车型系统互锁电路组成。

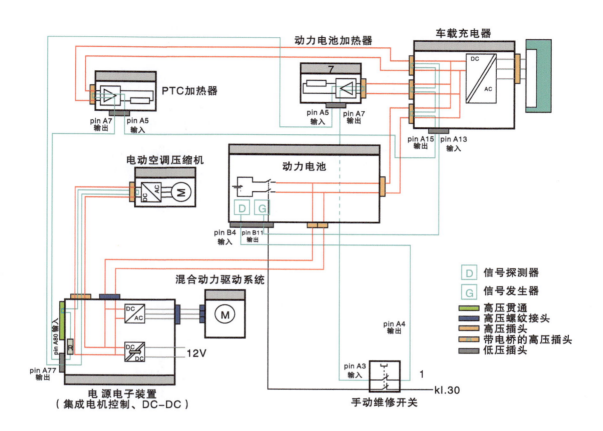

图 3-2-34　保时捷 Cayenne S E-Hybrid 车型系统互锁电路组成

3.3 高压配电系统检查及零部件更换

高压配电系统的介绍以 2018 款吉利帝豪 GSe 为例。

3.3.1 直流母线的更换

1）打开前机舱罩。
2）断开蓄电池负极电缆。
3）拆卸动力线束总盖板。
4）断开直流母线（充电机侧）。

① 断开如图 3-3-1 箭头所示的直流母线总成线束插接器（充电机侧）。
② 静止 5min 后用万用表按照图 3-3-2 所示方法测量母线电压。

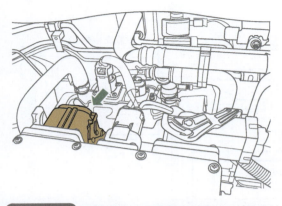

图 3-3-1　断开直流母线线束插接器（充电机侧）

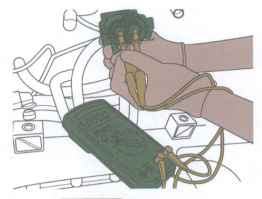

图 3-3-2　测量母线电压

5）断开直流母线（动力电池侧）。

① 断开图 3-3-3 箭头指示的直流母线总成线束插接器（动力电池侧）。

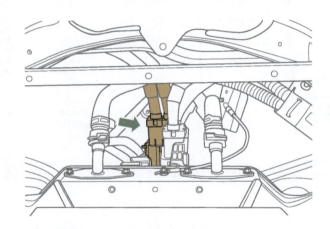

图 3-3-3　断开直流母线总成线束插接器（动力电池侧）

② 脱开直流母线总成固定卡扣，取下直流母线总成。

更换直流母线安装时，按照与拆卸相反的顺序进行即可，注意线束插接器要遵循"一插、二响、三确认"原则。

3.3.2　驱动电机三相线束总成的更换

1）打开前机舱罩。

2）断开蓄电池负极电缆。

3）参照 3.3.1 的步骤断开直流母线（充电机侧）。

4）拆卸电机控制器上盖。

5）断开驱动电机三相线束（电机控制器侧）。

① 拆卸驱动电机三相线束（电机控制器侧）3 颗固定螺栓（图 3-3-4）。
② 拆卸驱动电机三相线束插接器（电机控制器侧）3 颗固定螺栓（图 3-3-4），取出线束。
6）断开驱动电机三相线束（电机侧）。
① 拆卸图 3-3-5 箭头指示的电机线束盖板 10 颗固定螺栓，取下电机线束盖板及密封垫。

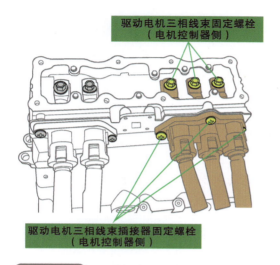

图 3-3-4　驱动电机三相线束固定螺栓拆卸（电机控制器侧）

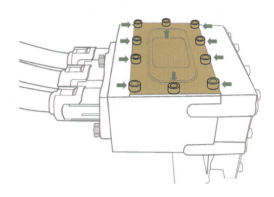

图 3-3-5　拆卸电机线束盖板（电机侧）

② 拆卸驱动电机三相线束（电机侧）3 颗固定螺栓（图 3-3-6）。
③ 拆卸驱动电机三相线束插接器（电机侧）3 颗固定螺栓（图 3-3-6）。
④ 拆卸图 3-3-7 箭头指示的驱动电机三相线束固定支架 2 颗固定螺栓，取出三相线束。

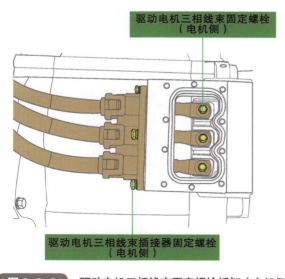

图 3-3-6　驱动电机三相线束固定螺栓拆卸（电机侧）

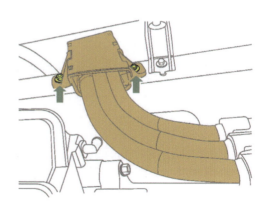

图 3-3-7　拆卸驱动电机三相线束固定支架

安装时按照与拆卸相反的顺序进行即可，注意以下螺栓紧固力矩：

驱动电机三相线束支架、插接器、线束盖板螺栓紧固力矩：7~8N·m（车型不同数值不同，详细数值参考原厂维修技术手册）。

驱动电机三相线束螺栓紧固力矩：23N·m（车型不同数值不同，详细数值参考原厂维修技术手册）。

3.3.3 空调高压线束总成的更换

1）打开前机舱罩。
2）断开低压蓄电池负极电缆。
3）拆卸动力线束总盖板。
4）参照 3.3.1 的步骤断开直流母线（充电机侧）。
5）拆卸空调高压线束总成。

① 断开图 3-3-8 箭头指示的车载充电机上空调高压线束总成插接器。
② 断开图 3-3-9 箭头指示的 PTC 加热器高压线束插接器。

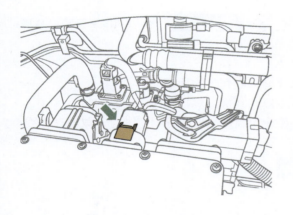 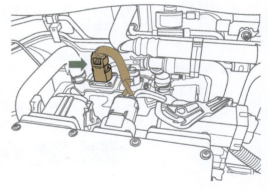

图 3-3-8　空调高压线束插接器的断开（充电机侧）　　图 3-3-9　PTC 加热器高压线束插接器的断开

③ 断开如图 3-3-10 所示的电动压缩机高压线束插接器（黄色）。
④ 拆卸图 3-3-11 箭头指示的 2 颗空调 PTC 高压线束固定螺栓，取下空调高压线束总成。

第 3 章　高压配电系统

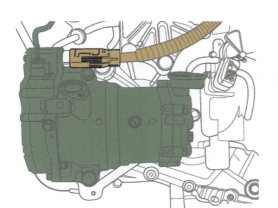

图 3-3-10　电动空调压缩机高压线插接器（黄色）

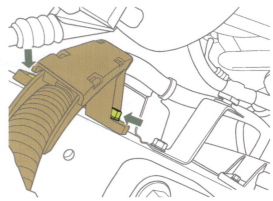

图 3-3-11　PTC 加热器高压线束 2 颗固定螺栓

安装空调高压线束时，按照与拆卸相反的顺序进行即可，注意线束插接器时必须遵循"一插、二响、三确认"的原则。

3.3.4　PEU 线束的更换

1）打开前机舱罩。
2）断开蓄电池负极电缆。
3）拆卸动力线束总盖板。
4）参照 3.3.1 的步骤断开直流母线（充电机侧）。
5）拆卸 PEU 线束总成。

① 断开图 3-3-12 箭头指示的车载充电机端 PEU 线束插接器。
② 拆卸电机控制器上盖 8 颗螺栓（图 3-3-13 箭头指示），取下电机控制器上盖。

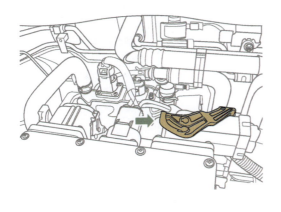

图 3-3-12　断开 PEU 线束插接器（充电机侧）

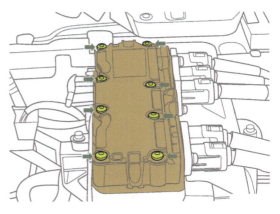

图 3-3-13　电机控制器上盖 8 颗固定螺栓

③ 拆卸图 3-3-14 中的电机控制器线束端子（电机控制器侧）2 颗固定螺栓。

④ 拆卸图 3-3-14 中的电机控制器线束插接器（电机控制器侧）2 颗固定螺栓，取下 PEU 线束总成。

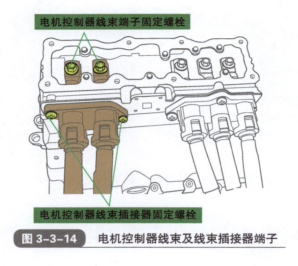

图 3-3-14　电机控制器线束及线束插接器端子

3.4 高压配电系统常见故障诊断与排除

3.4.1 高压配电系统症状、绝缘故障及回路导通性检查

1. 症状列表

高压配电系统常见症状有绝缘故障、回路不导通和回路短路等。高压配电系统故障及处理方法见表 3-4-1。

表 3-4-1　高压配电系统故障及处理方法

症状	检查项目	可能故障部件
绝缘故障	◆ 整车高压系统零部件绝缘电阻 ◆ 动力电池控制器	◆ 所有高压部件 ◆ 动力电池控制器
回路不导通	◆ 高压回路熔断器 ◆ 高压插接器	◆ 高压配电箱 ◆ 高压主电缆 ◆ 高压配电缆
回路短路	◆ 整车高压系统零部件	◆ 所有高压零部件

2. 绝缘故障诊断流程

只有在整车故障诊断时诊断出绝缘故障，方可按照此流程进行绝缘检测。如果按照此流程检查后，整车高压零部件绝缘均合格，应检查电池控制器是否正常。绝缘故障诊断流程如图 3-4-1 所示。

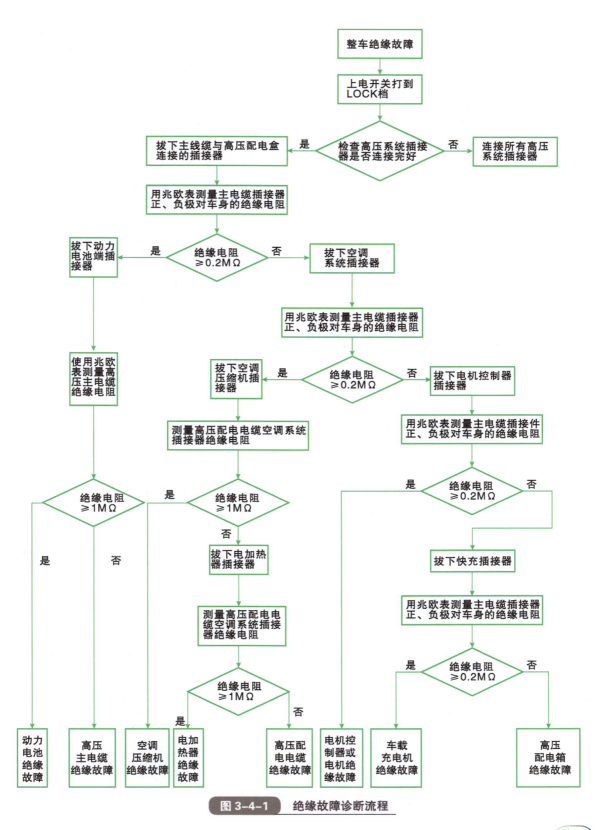

图 3-4-1　绝缘故障诊断流程

3. 回路导通性检查

在进行整车故障诊断时，诊断出高压部件不工作或高压部件无电压输入，方可按照此流程检查回路导通性。回路导通性检查流程如图 3-4-2 所示。

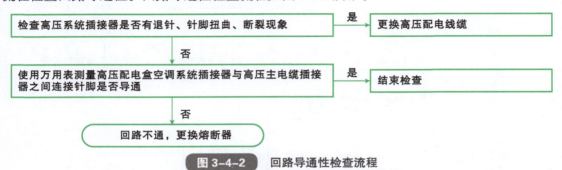

图 3-4-2 回路导通性检查流程

电机控制器回路导通性检查参见 3.4.2 节中的"电动空调压缩机回路短路检查"；车载充电机回路导通性检查参见 3.4.2 节中的"车载充电机输出回路短路检查"。

3.4.2 高压配电系统回路短路检查

在整车故障诊断时诊断出高压部件不工作或高压部件无电压输入，方可按照此流程检查回路导通性。

1. 电动空调压缩机回路短路检查

电动空调压缩机回路短路检查流程如图 3-4-3 所示。

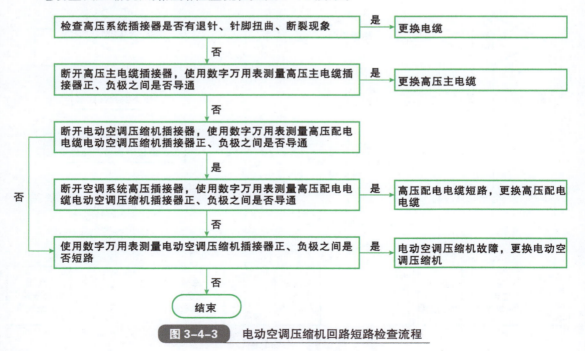

图 3-4-3 电动空调压缩机回路短路检查流程

2. 车载充电机输出回路短路检查

车载充电机输出回路短路检查流程如图 3-4-4 所示。

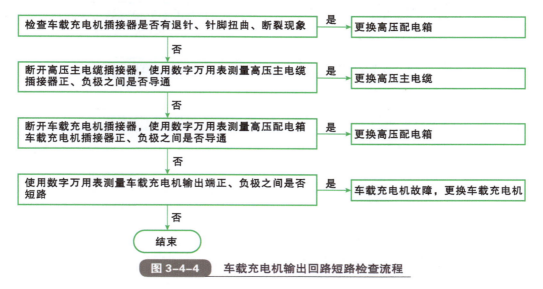

图 3-4-4　车载充电机输出回路短路检查流程

3. PTC 加热器回路短路检查

PTC 加热器回路短路检查流程如图 3-4-5 所示。

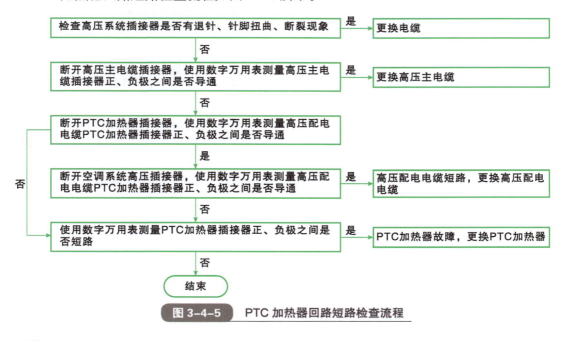

图 3-4-5　PTC 加热器回路短路检查流程

4. 电机控制器回路短路检查

电机控制器回路短路检查流程如图 3-4-6 所示。

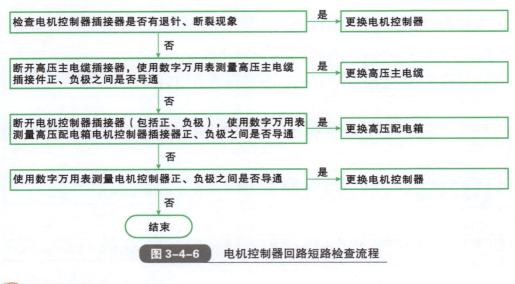

图 3-4-6 电机控制器回路短路检查流程

5. 直流充电回路短路检查

直流充电回路短路检查流程如图 3-4-7 所示。

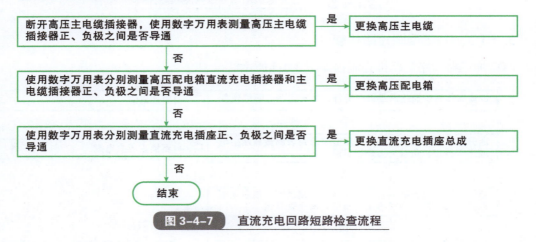

图 3-4-7 直流充电回路短路检查流程

第 4 章 驱动系统

Chapter 4

- 4.1　新能源汽车驱动系统概述　　106
- 4.2　驱动电机分类和基本原理　　116
- 4.3　常见新能源汽车驱动电机　　120
- 4.4　电机控制器　　130
- 4.5　常见新能源汽车电机控制器　　133
- 4.6　驱动系统零部件更换　　152
- 4.7　驱动系统常见故障诊断与排除　　156

4.1 新能源汽车驱动系统概述

驱动系统是新能源汽车行驶中的主要执行元件，其驱动特性决定了汽车行驶的主要指标，是新能源汽车的重要部件。新能源汽车的整个驱动系统包含电机驱动系统和机械传动机构两部分。电机驱动系统主要由电机、功率变换器、控制器、各种检测传感器以及电源等部分构成。新能源汽车驱动电机一般要求具有发电机、电动机两项功能，按照类型可选用直流、交流、永磁无刷或开关磁阻等几种。

4.1.1 混合动力汽车驱动系统

混合动力汽车驱动系统分类及基础知识详见本书 1.1.2 节相关部分，这里以本田 i-MMD 混动系统为例介绍混合动力系统动力传递相关知识。

1. 本田 i-MMD 系统概述

i-MMD 是 Intelligent Multi-Mode Drive（高效节能双电机混合动力系统）的简称，为混联式混合动力系统。本田雅阁、思铂睿等混动车型使用了这一驱动系统。电动动力系统由 ECVT 内的两个高压电机、发动机舱内动力控制单元（PCU）以及行李箱内的高压电池组成，如图 4-1-1 所示。

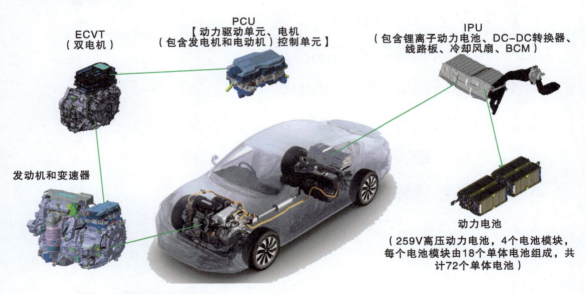

图 4-1-1　本田 i-MMD 系统组成（2017 款思铂睿混动车型）

i-MMD 系统的核心是由双电机组成的 ECVT（电子无级变速器），外观如图 4-1-2 所示。ECVT 通过齿轮传动、电动机、发电机的组合实现车辆的前进及后退，两种动力都是通过变速器内部齿轮机构进行传递的。

第 4 章 驱动系统

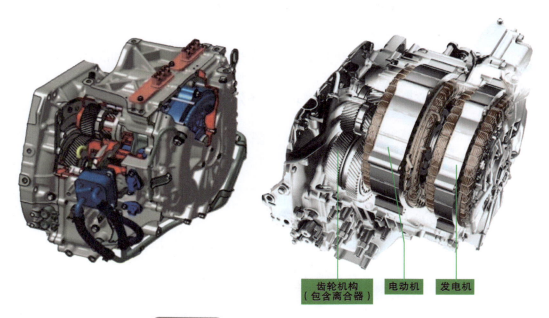

图 4-1-2　ECVT（电子无级变速器）外观

ECVT 电子无级变速器由发电机、电动机、超越离合器、输入轴、电动机轴、发电机轴、副轴、终主动齿轮、终从动齿轮等组成，如图 4-1-3 所示。其中超越离合器是改变发动机动力流向的工作部件，实现在驱动车轮或驱动发电机之间切换。当超越离合器不作动时，发动机驱动发电机工作，为动力电池充电或直接为电动机供电。超越离合器作动时，发动机驱动车辆工作。

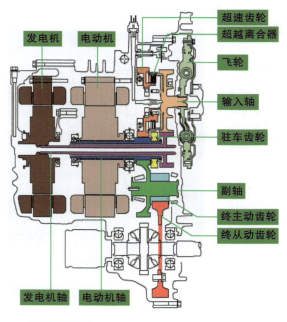

图 4-1-3　ECVT 电子无极变速器的组成

新能源汽车驱动系统

107

2. 本田 i-MMD 系统驱动模式

本田 i-MMD 系统可分为纯电动模式、增程模式、发动机驱动模式和混合驱动模式。

① **纯电动驱动模式**：在该模式下，车辆仅使用电动机驱动，在减速和制动时利用电动机提供制动同时再生充电。纯电动驱动模式示意图如图 4-1-4 所示。

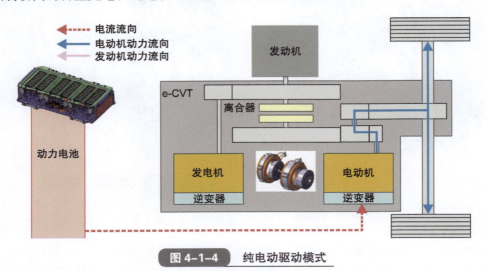

图 4-1-4　纯电动驱动模式

在此模式下发动机、发电机均不工作，整车动力由电动机提供。动力流向为电动机→电动机轴→副轴→终主动齿轮→终从动齿轮→驱动半轴，如图 4-1-5 所示。

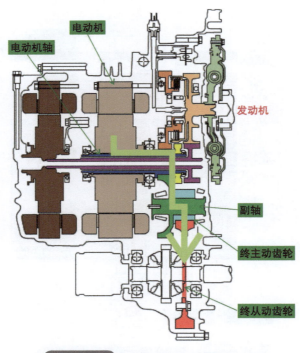

图 4-1-5　纯电动模式驱动动力流向

② 增程模式：该模式用于车辆加速或车辆运行时动力电池充电的状态下。在加速时，发动机起动带动发电机发电，为动力电池充电，同时也为电动机直接提供高压供电，车辆急加速时发电机产生的电能不再为动力电池充电，而是全部供给电动机以应对加速时电动机高负荷的电能需要。

增程模式示意图如图 4-1-6 所示，动力流向如图 4-1-7 所示。

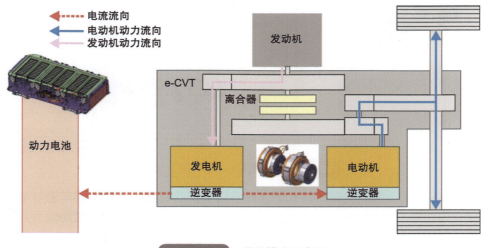

图 4-1-6　增程模式示意图

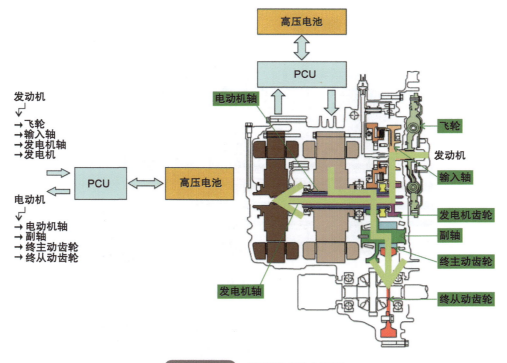

图 4-1-7　增程模式动力流程

③ 发动机驱动模式：车辆处于低负载巡航状态时，仅使用发动机驱动车辆。发动机驱动模式示意图如图 4-1-8 所示。

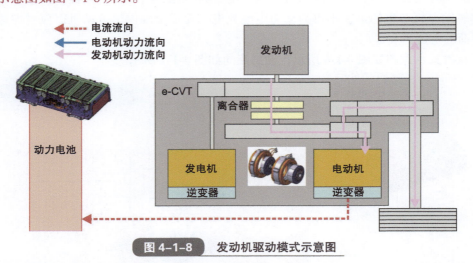

图 4-1-8　发动机驱动模式示意图

如图 4-1-8 所示，发动机驱动模式下离合器闭合发动机驱动车轮，因车轮与电机之间无断开装置，车轮同时驱动电机为动力电池提供电能补充。此时的动力传递路线为：**发动机→飞轮→输入轴→超越离合器→离合器齿轮→副轴→主减速器主动齿轮→差速器→驱动半轴**，如图 4-1-9 所示。

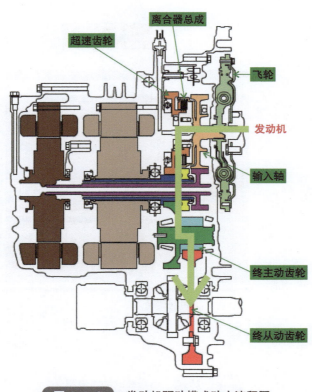

图 4-1-9　发动机驱动模式动力流程图

④ 混合驱动模式：在低负载巡航即发动机驱动模式的基础上，车辆工况由低负载巡航转变为高负载时，系统启用混合驱动模式。在此模式下，由发动机驱动车辆的同时起动电动驱动系统，与发动机一起驱动车辆。混合驱动模式示意图如图 4-1-10 所示。

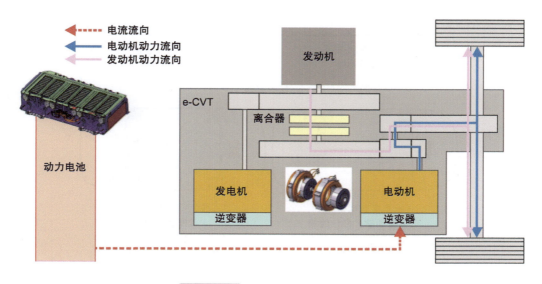

图 4-1-10　混合驱动模式示意图

4.1.2　纯电动汽车驱动系统

纯电动汽车按照驱动电机的安装位置可分为分布式驱动电机驱动和中央传动系电机驱动两种形式。分布式驱动电机驱动形式是将驱动电机直接安装在车轮上，有轮毂电机和轮边电机两种。可安装在两个前轮、两个后轮及四个车轮上，如图 4-1-11 所示。轮毂电机和轮边电机的控制协调难度大，成本较高。

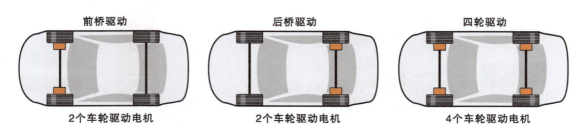

图 4-1-11　分布式驱动电机驱动形式

中央传动系电机驱动系统与传统汽车的驱动布置形式相同，由电机驱动变速器、驱动轴，然后是车轮。在纯电动车中，只需配备减速器。四轮驱动车则只需配备一根前桥驱动轴，或者使用第二台电机。中央传动系电机驱动系统如图 4-1-12 所示。

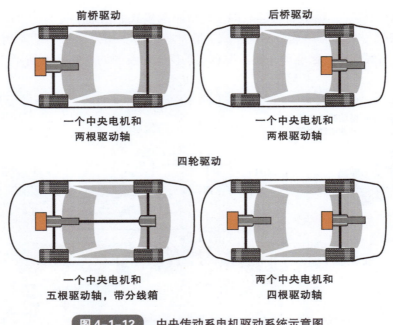

图 4-1-12　中央传动系电机驱动系统示意图

1. 纯电动汽车驱动单元、高压部件布置及运行模式

纯电动汽车驱动单元、高压部件主要由驱动电机（带变速器）、电动空调压缩机、PTC加热器、电机控制器（集成DC-DC、高压配电箱等）、动力电池、车载充电机以及高压电缆等组成，如图 4-1-13 所示。

纯电动汽车运行模式一般可分为电动驱动、再生性制动（能量回收）、外部充电等。

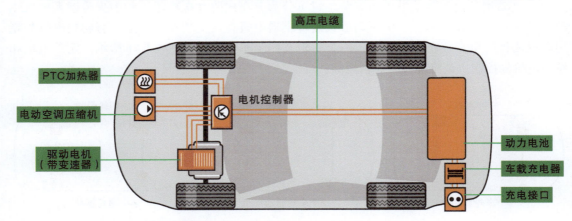

图 4-1-13　纯电动汽车驱动单元、高压部件布置图

① 电动驱动：纯电动汽车电动驱动模式相对简单，动力电池向电机控制器提供高压直流电，电机控制器内部逆变器将高压直流电转变为三相交流电，向电机供电，电机经过变速器减速增矩后驱动车辆前行，如图 4-1-14 所示。

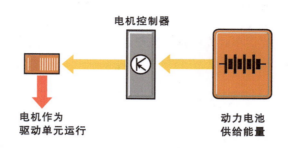

图 4-1-14　电动驱动模式

② 再生性制动（能量回收）：纯电动汽车在滑行（车辆在没有来自电机的转矩下移动）或制动时，多余的动能将通过作为交流发电机的电机转化为电能并对动力电池充电，如图 4-1-15 所示。

图 4-1-15　再生性制动（能量回收）模式

③ 外部充电：外部充电设置充电枪连接至充电接口，将供电导入车载充电机，车载充电机再将交流电转变为直流电在动力电池管理器的配合下为动力电池充电，如图 4-1-16 所示。充电过程自动完成，如果在充电过程中使用用电设备，其供电将由充电机供给。

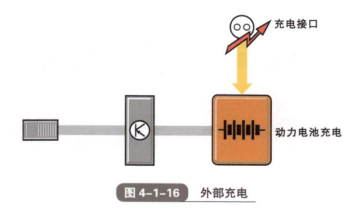

图 4-1-16　外部充电

2. 增程式电动汽车驱动单元、高压部件布置及运行模式

增程式电动汽车由一个发动机和两个电机组成。发动机未配置至驱动桥的机械连接，车辆仅配备电动驱动。我国相关法律将此类型的车辆也划归到电动汽车范畴，享受相应的优惠补贴。

增程式电动汽车由发动机、电机1（作为发电机使用）、电机2（作为电动机使用）、电机控制器1和2、动力电池、车载充电器、充电插口、高压电缆、电动空调压缩机、PTC加热器等组成，如图4-1-7所示。

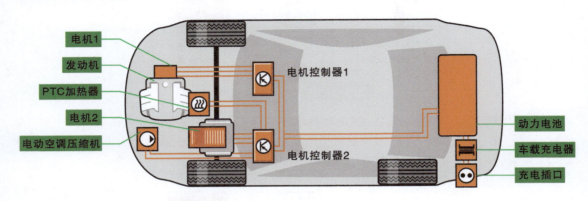

图 4-1-17　增程式电动汽车驱动单元、高压部件布置

如图4-1-17所示，发动机仅驱动电机1，其作为发电机使用，并在车辆行驶时为动力电池充电。发动机以高输出和低油耗状态高效运行，使车辆行驶里程增加。

① 电动驱动：动力电池电量充足时，动力电池输出直流电给电机控制器2，由电机控制器2将直流电转变为三相交流电输送给电机2，由电机2驱动车辆行驶，发动机和电机1不工作，如图4-1-18所示。

② 电动驱动和充电（增程模式）：当动力电池电量下降到一个临界点时，整车控制单元指令发动机起动，带动电机1作为发电机运行，为动力电池充电。此时电机2仍是推进车辆的唯一动力，也是再生性制动（能量回收）的唯一方式，如图4-1-19所示。

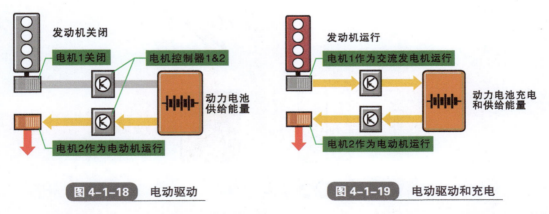

图 4-1-18　电动驱动　　　　　　图 4-1-19　电动驱动和充电

③ 车辆静止时充电：在没有外部电源对动力电池进行充电的情况下，发动机可在车辆静止时通过电机1对动力电池进行充电，如图4-1-20所示。

④ 外部充电：高压系统和整个驱动单元停用。动力电池通过充电接口、车载充电机和充电保护继电器充电。充电过程由系统自动监控和停止，如图4-1-21所示。

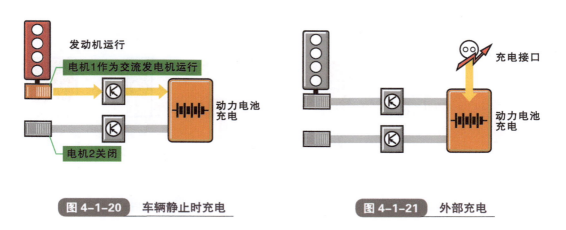

图 4-1-20　车辆静止时充电　　　　图 4-1-21　外部充电

3. 燃料电池电动汽车驱动单元、高压部件布置及运行模式

燃料电池电动汽车以氢气作为燃料，并通过燃料电池系统为电机获取电能。在燃料电池系统中，氢气转化为水产生电能，为动力电池充电或向驱动电机提供电能。燃料电池电动汽车一般不再安装发动机。

燃料电池电动汽车驱动单元及高压部件由电机、电机控制器、燃料电池系统、动力电池、高压电缆、电动空调压缩机、PTC加热器等组成，如图 4-1-22 所示。

① 电动驱动：动力电池电量充足时，由动力电池通过电机控制器向电机提供电能，电机作为唯一动力源驱动车辆前行，如图 4-1-23 所示。

② 电动驱动和充电：动力电池电量下降到一定的临界点时，燃料电池系统启用。氢气和空气中的氧气相互作用得到电能，为动力电池充电，并向驱动电机提供供电，如图 4-1-24 所示。

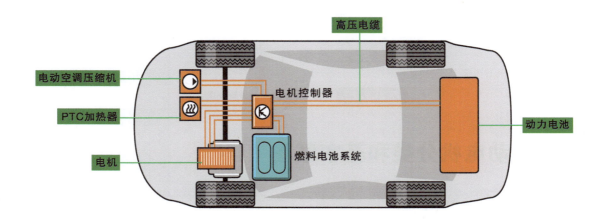

图 4-1-22　燃料电池电动汽车驱动单元、高压部件布置

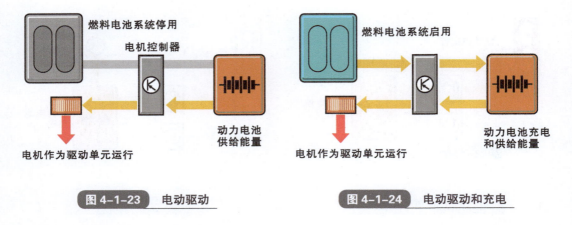

图 4-1-23　电动驱动　　　　　图 4-1-24　电动驱动和充电

③ 再生性制动（能量回收）：车辆减速和制动时，电机作为交流发电机运行，产生的高压交流电通过电机控制器中的逆变器转换为高压直流电为动力电池充电，如图4-1-25所示。

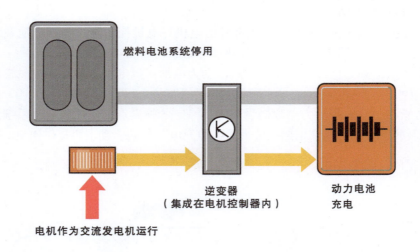

图 4-1-25　再生性制动（能量回收）

4.2　驱动电机分类和基本原理

4.2.1　电机的分类

电机是实现电能与机械能相互转换的装置，分为电动机和发电机。电动机是将电能转换为机械能，发电机是将机械能转换为电能。电机按电流性质又可分为直流电机和交流电机两大类：直流电机是指通入定子绕组中的电流是直流电；交流电机是指通入定子绕组中的电流是交流电。电机的分类如图 4-2-1 所示。

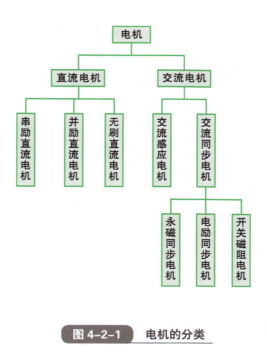

新能源汽车驱动电机及管理系统

图 4-2-1　电机的分类

永磁同步电机具有功率密度高、转矩转速特性好、转速范围大、控制简单等优点，在新能源汽车中被广泛使用。目前北汽、吉利、荣威、江淮、长安、宝马、大众等品牌新能源车型普遍采用永磁同步电机。

4.2.2　永磁同步电机结构

永磁同步电机主要由定子、转子及机体这三部分构成，如图 4-2-2 所示。定子绕组一般制成多相（三、四、五相不等），通常为三相绕组。三相绕组沿定子铁心对称分布，在空间互差 120° 电角度，通入三相交流电时，产生旋转磁场。

转子采用永磁体，目前主要以铁硼作为永磁材料。采用永磁体简化了电机的结构，提高了可靠性，又没有转子铜耗，提高了电机的效率。按永磁体在转子上位置的不同，永磁同步电机的转子磁极结构主要分为两种：表面式和内置式。

1. 表面式转子磁极结构

表面式永磁同步电机转子上的永久磁铁安装于转子铁心的表面，如图 4-2-3 所示，奥迪 Q5 混动车型采用的永磁同步电机就是这种机构。

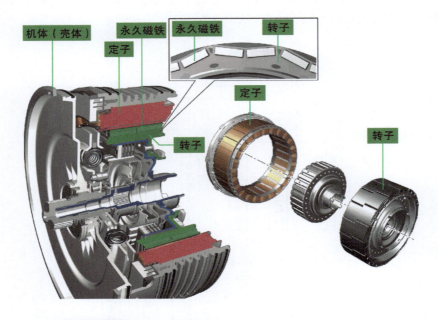

图 4-2-2　永磁同步电机的结构（宝马 F18 PHEV 车型）

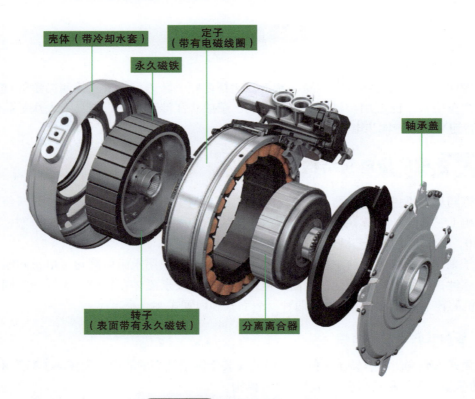

图 4-2-3　表面式转子磁极结构

2. 内转子磁极结构

此类永磁同步电机转子永磁体位于转子内部，通常呈现为条状。此类电机转子磁路不对称，即交直轴电感不相等。该类电机功率密度较高，并且对其进行弱磁控制也更为容易。同时，由于永磁体位于转子铁心内部，所以这类永磁同步电机有着更为坚固的转子结构，更加适合于高速运行场合。宝马F18 PHEV（参见图4-2-2）、宝马X1PHEV（参见图4-2-4）车型驱动电机采用此结构。

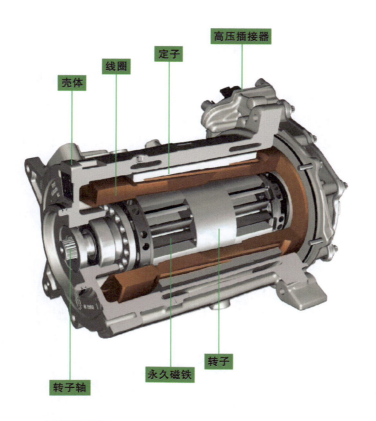

图 4-2-4　内转子磁极电机结构（宝马 X1 PHEV）

4.2.3 永磁同步电机的工作原理

如图4-2-5所示，当定子三相绕组通上对称的正弦交流电后，产生一个旋转的磁场，该磁场将以同步转速旋转。因为磁极同性相斥、异性相吸，该旋转磁场将与转子的永磁磁极相互吸引，并带动转子一起旋转，转子也将以同步转速旋转，所以称为同步电机。因此，永磁同步电机是利用绕组中的三相交流电产生的磁场和转子磁场相互作用，产生电磁转矩驱动转子的转动。

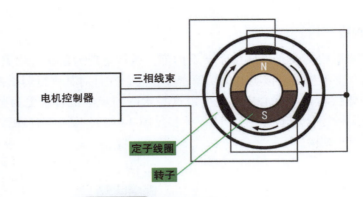

图 4-2-5　永磁同步电机工作原理

旋变信号的作用是反映电机转子当前的旋转相位，电机控制器再通过旋变信号计算当前的电机转速。旋变信号由旋转变压器产生。磁阻式旋转变压器的结构如图 4-2-6 所示。旋变转子与驱动电机转子同轴连接，随电机转轴旋转。旋变定子内侧有感应线圈，安装在驱动电机定子上。驱动电机旋转时，带动旋变转子旋转。旋转变压器与电机控制器通过低压线束连接。

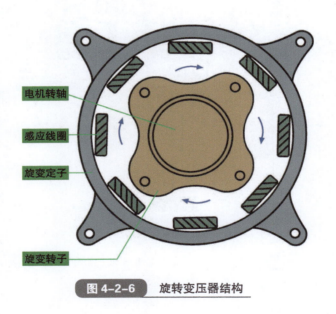

图 4-2-6　旋转变压器结构

4.3　常见新能源汽车驱动电机

4.3.1　吉利新能源汽车

吉利帝豪 EV300/EV350/EV450、吉利帝豪 GSe 车型的驱动电机采用永磁同步电机，三款车型驱动电机型号相同，调校参数略有不同，具体见表 4-3-1。

表 4-3-1　吉利新能源车型驱动电机参数（EV300/EV350/EV450、帝豪 GSe）

车型	项目	参数	单位
EV300/EV350/EV450、帝豪 GSe	额定功率	42	kW
	峰值功率	95（EV300） 120（EV350/EV450、帝豪 GSe）	kW
	额定转矩	105	N·m
	峰值转矩	240（EV300） 250（EV350/EV450、帝豪 GSe）	N·m
	额定转速	4000（EV300） 4200（EV350/EV450、帝豪 GSe）	r/min
	峰值转速	11000（EV300） 12000（EV350/EV450、帝豪 GSe）	r/min
	电机旋转方向	从轴伸端看电机逆时针旋转	—
	温度传感器类型	NTC	—

吉利帝豪 EV300/EV350/EV450 的驱动电机与电机控制器一起安装在前机舱靠右的位置，如图 4-3-1 所示。

图 4-3-1　吉利帝豪 EV300/EV350/EV450 驱动电机安装位置图

驱动电机由转子总成、旋变转子、定子壳体总成、后端盖以及轴承、挡圈等部件组成，如图 4-3-2 所示。

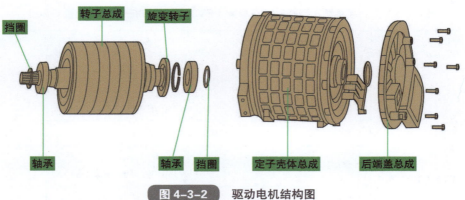

图 4-3-2 驱动电机结构图

吉利帝豪 PHEV 车型的驱动系统采用了双电机耦合式动力合成箱。两个电机（E1、E2）布置在动力合成箱的同一侧，均为内置式永磁同步电机。电机采用独特的冷却方式，定子端部绕组油冷喷淋，同时转子支架内部油道对转子直接冷却。E1、E2 外观结构如图 4-3-3 所示。动力合成箱结构如图 4-3-4 所示。

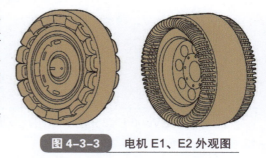

图 4-3-3 电机 E1、E2 外观图

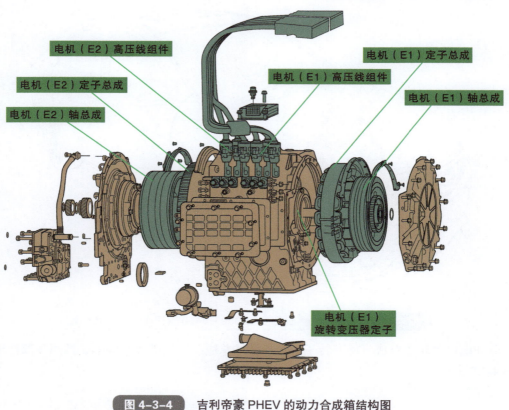

图 4-3-4 吉利帝豪 PHEV 的动力合成箱结构图

4.3.2 比亚迪新能源汽车

比亚迪 e5、秦 EV 的永磁同步电机安装在前机舱内。电机参数见表 4-3-2。

表 4-3-2　比亚迪 e5、秦 EV 驱动电机参数

项目	参数	单位
额定转矩	160	N·m（0~4929r/min）
最大输出转矩	310	N·m（0~4775r/min）
额定功率	80	kW（4775~12000 r/min）
最大输出功率	160	kW（4929~12000 r/min）
最大输出转速	12000	r/min
总成总质量	103	kg

驱动电机采用水冷却方式，由转子、定子冷却液管道、温度传感器、旋转变压器及壳体等组成，如图 4-3-5 所示。

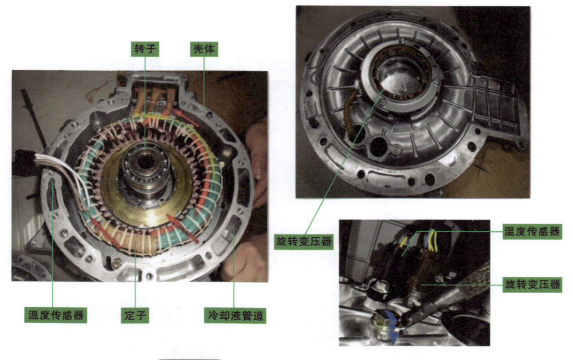

图 4-3-5　比亚迪 e5、秦 EV 的驱动电机结构

4.3.3 广汽新能源汽车

广汽传祺 GE3 纯电动汽车、GA3S PHEV、GS4 PHEV 车型的驱动电机均采用了永磁同步电机。主要区别在于传祺 GE3 为纯电动汽车，驱动电机是车辆的唯一动力源。GA3S PHEV 和 GS4 PHEV 为混合动力车型，带有机电耦合变速器，电机的控制更加复杂。三者

电机参数见表 4-3-3。

表 4-3-3　广汽传祺 GE3、GA3S PHEV、GS4 PHEV 电机参数

项目	参数				
	GE3	GA3S PHEV		GS4 PHEV	
类型	永磁同步驱动电机	驱动电机（永磁同步）	发电机（永磁同步）	驱动电机（永磁同步）	发电机（永磁同步）
额定功率 /kW	50	55	50	55	50
转矩 /N·m	120	120	100	120	100
峰值功率 /kW	132	130	70	130	70
基转速 /(r/min)	12000（最大）	4138	5570	4138	5570
最大转矩 /N·m	290	300	120	300	120
冷却方式	液冷	液冷		液冷	

GA3S PHEV、GS4 PHEV 车型机电耦合系统将驱动电机、发电机、离合器、传动齿轮及差速器集成为一体。发动机与发电机（ISG）同轴，双电机并排布置，单速比传动，通过离合器/制动器的控制实现纯电动、增程、混动等多种模式。GA3S PHEV、GS4 PHEV 车型的机电耦合系统如图 4-3-6 所示。

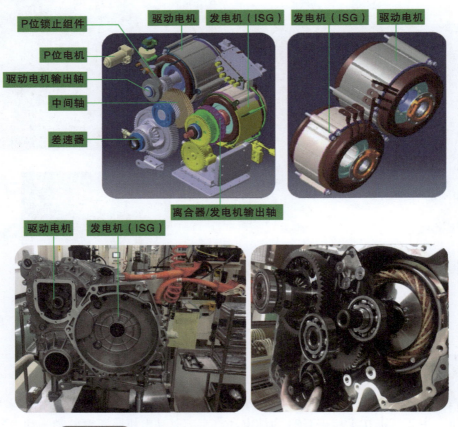

图 4-3-6　GA3S PHEV、GS4 PHEV 车型的机电耦合系统

4.3.4 江淮新能源汽车

江淮 iEV6E、iEV7、iEV7S 等电动汽车均采用永磁同步电机,电机由前后端盖、壳体、转子、定子、旋转变压器等组成,如图 4-3-7 所示。几款车型电机的结构和工作原理相同,调校参数有所区别,见表 4-3-4。

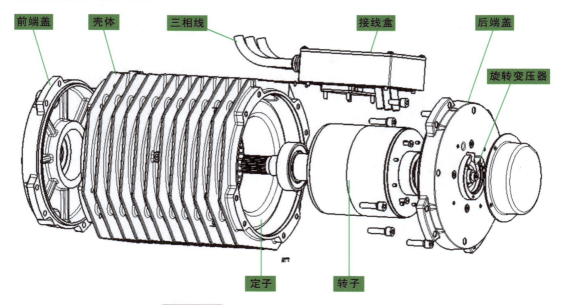

图 4-3-7　江淮新能源车型的驱动电机结构

表 4-3-4　江淮新能源车型驱动电机参数

车型	项目	参数	车型	项目	参数
iEV6E iEV7 iEV4	最大转矩 /N·m	215/170(iEV4)	iEV7S	最大转矩 /N·m	270
	最大输出功率 /kW	50/42(iEV4)		最大输出功率 /kW	85
	最高转速 /(r/min)	7200/6500(iEV4)		最高转速 /(r/min)	11000
	冷却形式	液冷		冷却形式	液冷

4.3.5 宝马新能源汽车

宝马 X1 F49 PHEV 车型的驱动电机是一款内转子永磁同步电机。该电机安装在后桥上,通过后轮纯电力驱动可达到 120km/h 的最大速度,通过 eBOOST 功能还可以为发动机提供辅助动力。电机在车辆制动或滑行模式下将动能转换为电能,并输送至动力电池,为动力电池充电(能量回收)。

宝马 X1 F49 PHEV 的驱动电机安装位置如图 4-3-8 所示,电机参数见表 4-3-5 所示。

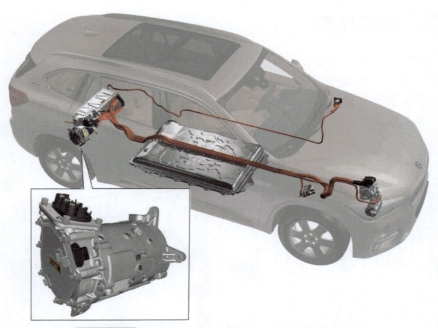

图 4-3-8　宝马 X1 F49 PHEV 的驱动电机安装位置

表 4-3-5　宝马 X1 F49 PHEV 的驱动电机参数

项目	参数	单位
持续功率	28	kW
最大功率	65	kW
最大转矩	165	N·m
最大转矩转速	0~2900	r/min
转速区间	0~14000	r/min
允许电压	225~360	V
最大电流	420	A
质量	31.3	kg

宝马 F18 PHEV（530Le）车型的驱动电机安装在发动机与变速器之间，取代了原自动变速器的液力变矩器。电机类型同样为永磁同步电机。宝马 F18 PHEV（530Le）插电式混合动力系统是并联式混合动力系统，发动机和驱动电机均与驱动轮机械连接。车辆驱动时，两个驱动系统都能单独使用也能同时使用。当需要单独使用电力驱动时，发动机必须与驱动电机断开连接，这一功能通过一个分离离合器来实现。分离离合器固定集成在电机壳体中，为湿式多片离合器。分离离合器具有很高的调节精度，这样就不会感觉到发动机的连接和断开。一旦分离离合器接合，电机、变速器输入轴和发动机就以相同的转速旋转。

宝马 F18 PHEV（530Le）车型驱动电机的安装位置如图 4-3-9 所示，电机参数见表 4-3-6。

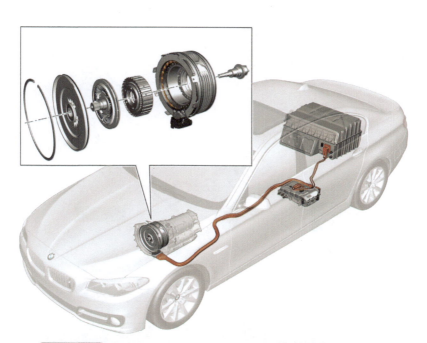

图 4-3-9　宝马 F18 PHEV（530Le）车型的驱动电机安装位置

表 4-3-6　宝马 F18 PHEV（530Le）车型的驱动电机参数

项目	参数	单位
持续功率	32	kW
最大功率	70	kW
最大转矩	250	N·m
最大转矩转速	0~2700	r/min
转速区间	0~7200	r/min
最大电流	450	A
质量	26	kg

　　宝马 i 系列是宝马在德国总部发布的独立子品牌，该品牌主要代表着新能源汽车和新的移动解决方案。i 系列车型主要以插电式混合动力和纯电动技术作为驱动技术，i 系列成为了宝马集团旗下最环保的品牌系列车。宝马 i 品牌中最先推出了 i3 和 i8 两款车型。i3 分为纯电动版和增程版，两者均装备了最大功率 125kW、最大转矩 250N·m 的永磁同步电机，增程款还增加了个双缸发动机和一个发电机作为增程器。宝马 i3 驱动电机和增程器的安装位置如图 4-3-10 所示。

　　宝马 i8 是一款超级混合动力跑车，采用了两套高效的驱动装置，由一台高效的 3 缸 1.5T 涡轮增压中置发动机配合一个 6 档自动变速器进行后桥驱动；由一个电机配合一个 2 档手动变速器进行前桥驱动。这种首次在宝马车系中采用的车桥混合动力形式在没有附加组件的情况下实现了可独立调节的四轮驱动系统。前桥和后桥驱动力矩相互协调可确保传动系统的高效性能，可根据不同行驶情况进行具体调节。宝马 i8 驱动系统布置如图 4-3-11 所示，宝马 i8 驱动电机参数见表 4-3-7。

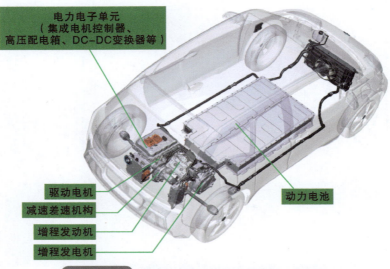

图 4-3-10　宝马 i3 驱动电机和增程器安装位置

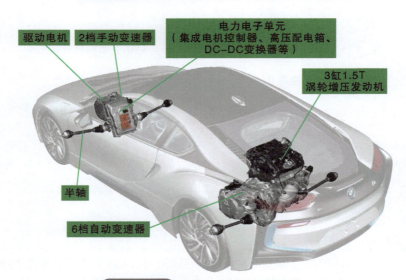

图 4-3-11　宝马 i8 驱动系统布置图

表 4-3-7　宝马 i8 驱动电机参数

项目	参数	单位
最大持续功率	75	kW
最大峰值功率	96（最长持续时间5s）	kW
最大转矩	250	N·m
最大转矩转速	0~5000	r/min
转速区间	0~11400	r/min
最大电流	400	A
额定电压	360	V
质量	49.5	kg

4.3.6 大众新能源汽车

大众途观 L PHEV 和帕萨特 GTE 的驱动系统结构相同，驱动电机同为永磁同步电机，调校参数有所不同。驱动电机安装在发动机和 6 档双离合器变速器之间，可以单独驱动车辆，也可以和发动机一起驱动车辆。同时还承担了起动发动机和发电机的任务。

途观 L PHEV 和帕萨特 GTE 的驱动电机结构如图 4-3-12 所示，电机参数见表 4-3-8。

图 4-3-12 途观 L PHEV 和帕萨特 GTE 驱动电机结构

表 4-3-8 途观 L PHEV 和帕萨特 GTE 驱动电机参数

车型	项目	参数	车型	项目	参数
途观 L PHEV	额定电压 /V	320	帕萨特 GTE	额定电压 /V	320
	峰值转矩 /N·m	330		峰值转矩 /N·m	330
	持续转矩 /N·m	170		系统最大转矩（发动机一起工作）/N·m	400
	峰值功率 /kW	85		峰值功率 /kW	85
	持续功率 /kW	55		系统最大功率（发动机一起工作）/kW	160
	最高工作转速 /(r/min)	6200		最高工作转速 /(r/min)	7000

驱动电机安装在原双离合器总成的前部。系统共包含三个膜片离合器，两个行驶离合器和一个分离离合器。两个行驶离合器 K1 和 K2 将电驱动装置的牵引电机 V141 与两个分变速器连接到一起。分离离合器 K0 连接或断开驱动电机与发动机。所有的三个离合器都是依靠压力机油运行。

在闭合分离离合器 K0 时，可以通过发动机或结合驱动电机来驱动车辆。
在闭合分离离合器 K0 的情况下，也可以通过驱动电机来起动发动机。
由驱动电机组成的混合动力模块如图 4-3-13 所示。

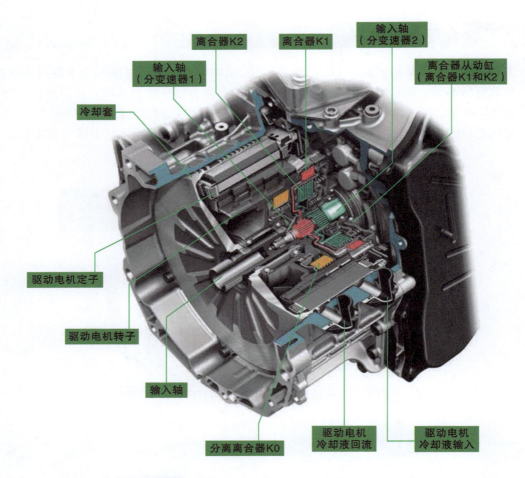

图 4-3-13　途观 L PHEV 和帕萨特 GTE 混合动力模块

4.4 电机控制器

4.4.1 电机控制器概述

电机控制器一般安装在前舱内，驱动电机的上部。采用 CAN 通信控制，控制着动力电池到驱动电机之间的能量传输，同时采集电机位置信号和三相电流检测信号，精确地控制驱动电机运行。

目前大部分纯电动汽车的电机控制器内部包含（逆变器、DC-DC 变换器，如图 4-4-1 所示）。部分车型的电机控制器还将车载充电器、高压配电装置、PTC 加热器控制器等集成在一起。

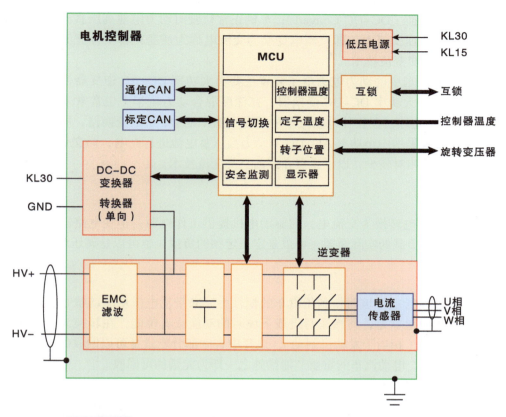

图 4-4-1　电机控制器结构图（吉利帝豪 EV300、EV350、EV450）

逆变器由 IGBT（绝缘栅双极型晶体管）、直流母线电容、驱动和控制电路板等组成，实现直流（可变的电压、电流）与交流（可变的电压、电流、频率）之间的转变。DC-DC 变换器由高低压功率器件、变压器、电感、驱动和控制电路板等组成，实现直流高压向直流低压的能量转变。电机控制器还包含冷却器（通过冷却液）给电子功率器件散热。

IGBT 是电动汽车中的核心器件之一，是动力系统的重要组成部分。IGBT 主要应用于以下两个子系统中：

① 电机控制系统：大功率直流/交流（DC-AC）逆变后驱动汽车电机。
② 车载空调控制系统：小功率直流/交流（DC-AC）逆变，使用电流较小的 IGBT 元件。

4.4.2　电机控制器控制技术

1. 电力电子变流器技术

电机控制器实际是电力电子变流器技术的应用，是电能的变换与控制技术，包括四大类：当电动车或混合动力汽车处于再生制动工况时将交流电变换为直流电为动力电池充电，称为整流技术（AC-DC）；将动力电池的高压电转换成低压电源 12V，为低压电路系统提供工作电源和为辅助电池充电，一种直流电变换为另一种直流电称为直流斩波（DC Chopper）

或者直流—直流变换（DC-DC Convert）；车辆正常行驶时动力电池高压直流电转换成可供驱动电机工作的高压交流电，即直流电变换为交流电称为逆变；将一种交流电变换为另一种交流电称为交—交变流技术。

用于新能源汽车中的动力电力电子装置主要由大功率 DC-AC 逆变器构成，在燃料电池汽车中通常还有大功率 DC-DC 变换器，在深度混合动力轿车中也常常采用大功率双向 DC-DC 变换器。此外，在各种电动汽车中还有小功率的 DC-DC 变换器，用于进行低压蓄电池的充电；或者采用中小功率 AC-DC 对动力高压蓄电池进行充电；而交—交变流技术在电动汽车应用领域相对较少。以下重点介绍前三类变流技术。

2. 逆变技术

逆变器将直流电转换为交流电，向驱动电机提供工作电源，逆变电路输出的频率和电压的大小，取决于负载的实际需要，可以是定压定频的负载，也可以是调压调频的负载。

3. 整流技术

电动汽车在滑行或下坡时，利用汽车的惯性力，来带动电机从驱动状态转换为电机制动状态或转换为发电状态，将汽车滑行或下坡时的动能或者位能，在转换为电能的同时对汽车起电制动作用（相当于发动机制动），这其中有一部分能量是可以回收的。这是发动机汽车所不能实现的。电动汽车的重要节能措施之一即为能量的可回收。

图 4-4-2 为电动汽车的再生制动发电系统的组成。电动汽车安装此能量回收系统，能够有效发挥电动汽车的特点，回收车轮制动、下坡滑行、高速运行及减速运行等状态下的部分能量，将其转化为电能并给蓄电池充电，充分地使用能源，从而提高电动汽车的续驶里程。

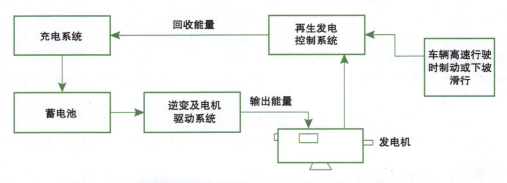

图 4-4-2 电动汽车再生制动发电系统组成

4. 变换技术

在常规车辆中，交流发电机（使用发动机电源）用于为 12V 蓄电池充电并为电气零部件供电。然而在纯电动汽车中没有发动机带动发电机。因此需要 DC-DC 变换器降低动力电池电压并为 12V 供电系统供电。

4.5 常见新能源汽车电机控制器

4.5.1 吉利新能源汽车

1. 吉利帝豪 EV300/EV350/EV450、帝豪 Gse

吉利新能源帝豪 EV300、EV350、EV450 以及帝豪 GSe 车型的电机控制器功能相同，安装位置都是在前机舱驱动电机的上部。帝豪 EV450 的电机控制器安装位置和外观图分别如图 4-5-1 和 4-5-2 所示。

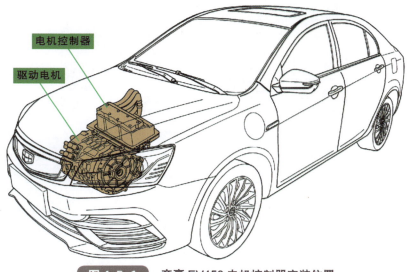

图 4-5-1　帝豪 EV450 电机控制器安装位置

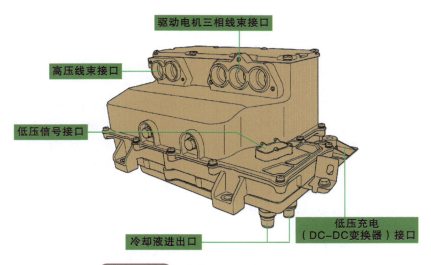

图 4-5-2　帝豪 EV450 电机控制器外观

电机温度传感器信号、电机旋变信号通过低压信号接口输送给电机控制器，以便电机控制器更加精确地对驱动电机进行控制。同时通过动力总线与车辆其他电控单元交换信息。电机控制器作为高压组件串联在高压互锁回路中。高压互锁信号在电机控制器信号接口中完成输入和输出。吉利帝豪 EV300、EV350、EV450、帝豪 GSe 低压信号接口端子布置及说明见表 4-5-1。

表 4-5-1　吉利帝豪 EV300、EV350、EV450、帝豪 GSe 低压信号接口端子布置及说明

BV11 电机控制器线束插接器

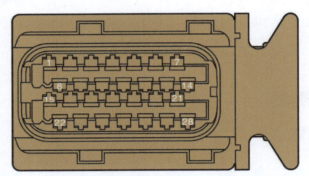

端子号	线色	端子说明	端子号	线色	端子说明
1	Br	整车高压互锁输入	17	W	接电机旋变 SIN_L
4	W/P	整车高压互锁输出	20	YV	整车动力 CAN_H
5	Br/W	接电机温度传感器 R2+	21	G/V	整车动力 CAN_L
6	R	接电机温度传感器 R2−	22	O	接电机旋变励磁 −
7	L/R	接电机温度传感器 R1+	23	L	接电机旋变 COS_H
10	B	屏蔽接地	24	Y	接电机旋变 SIN_H
11	B	接地	25	Gr/W	启动电源 K15
13	W/G	接电机温度传感器 R1−	26	R	蓄电池电源 KL30
15	G	接电机旋变励磁 +	27	P/W	标定 CAN_H
16	P	接电机旋变 COS_L	28	Rr/W	标定 CAN_L

注：端子号 2、3、8、9、12、14、18、19 为空。

2. 吉利帝豪 PHEV

帝豪 PHEV 动力合成箱由两台电机组成，因此电机控制器内部继承了两个电机的控制模块及一个 DC-DC 模块。两个电机控制模块输出稳定的工作电流，分别为 105A 和 130A，峰值工作电流分别为 250A 和 280A。电机控制器具有双电机驱动、DC-DC 变换、信号处理、CAN 通信、冷却系统冷却液泵驱动、高压互锁、主被动放电、故障诊断等功能。

1）电机驱动：电机控制器内部逆变器将直流高压电逆变成三相交流高压电，控制电机 EM1 和 EM2 输出精确的转矩或转速，在不影响稳定性的基础上，最大限度地提高两个电机的输出性能。

2）DC-DC 变换：通过直流变换电路，将直流高压电降压变换成低压与 12V 蓄电池并联为整车低压电器供电，并在需要时为 12V 蓄电池充电。

3）主、被动放电

① 主动放电是指通过 DC-DC 将母线残余电量泄放给 12V 蓄电池，直至母线电压低于 60V 安全电压，放电时间小于 5s。

② 被动放电是指通过放电电阻进行高压直流放电。当高压输入切断时，被动高压直流电源放电触发，并且不受外部控制，放电电阻一直并联在高压系统上。实际上，DC-DC 主动放电的同时放电电阻也起着放电的作用。在没有主动放电的情况下，被动放电直至母线电压低于 60V 安全电压的放电时间小于 2min。

帝豪 PHEV 的电机控制器外观如图 4-5-3 所示。电机控制模块线束插接器及其端子定义见表 4-5-2。

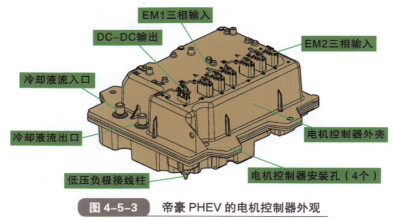

图 4-5-3　帝豪 PHEV 的电机控制器外观

表 4-5-2　帝豪 PHEV 电机控制模块线束插接器及其端子定义

EN30 接 PEU 控制器线束插接器

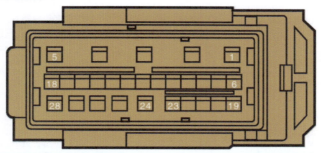

端子号	端子定义	线径 /mm² 及颜色	端子状态	端子号	端子定义	线径 /mm² 及颜色	端子状态
1	KL30 电源	1.25R	U-UKL30	12	PEU 电机控制点火	0.5R/B	
2	KL30 电源	1.25R	U-UKL30	19	调试 ISG CAN1_L	0.5Y	总线
6	调试 ISG CAN_H	0.5L	总线	20	ISG CAN0_L	0.5Y	总线
7	ISG CAN0_H	0.5Y	总线	21	调试 TM CAN2_L	0.5Y	总线
8	调试 TM CAN2_H	0.5L	总线	22	互锁信号输出	0.5V	E-S-PLTIN
9	互锁信号输出	0.5W	E-S-PLOUT	23	TM CAN0_L	0.5L	总线
10	TM CAN2_H	0.5Y	总线	25	水泵电机调速	0.75G	

注：端子号 3、4、5、11、13、14、15、16、17、18、24、26、27、28 为空。

（续）

EN32 接 PEU 控制器线束插接器

端子	端子定义	线径/mm² 颜色	端子	端子定义	线径/mm² 颜色
A1	ISG 旋变信号 SIN_L 输入	0.5Y/R	F3	ISG 温度传感器 1	0.5L
A2	ISG 旋变信号 SIN_H 输入	0.5L/B	F4	TM 温度传感器 1	0.5B/O
B1	ISG 旋变信号 COS_L 输入	0.5G/W	G1	ISG 互锁信号输入	0.5L
B2	ISG 旋变信号 COS_H 输入	0.5L/W	G2	ISG 互锁信号输出	0.5L
C1	ISG 旋变信号 EXC_L 输入	05W/R	G3	ISG 温度传感器 1 地	0.5G
C2	ISG 旋变信号 EXC_H 输入	0.5V	G4	TM 温度传感器 1 地	0.5B/Y
D1	TM 旋变信号 SIN_L 输入	0.5Gr	H1	TM 互锁信号输入	0.5W
D2	TM 旋变信号 SIN_H 输入	0.5Y/L	H2	TM 互锁信号输出	0.5W
E1	TM 旋变信号 COS_L 输入	0.5B	J1	TM 温度传感器 0 地	0.5W/G
E2	TM 旋变信号 COS_H 输入	0.5R/B	J2	ISG 温度传感器 0 地	0.5Y
F1	TM 旋变信号 EXC_L 输入	0.5R/O	K1	TM 温度传感器 0	0.5G/L
F2	TM 旋变信号 EXC_H 输入	0.5L/R	K2	ISG 温度传感器 0	0.5W

注：端子号 A3、A4、B3、B4、C3、C4、D3、D4、E3、E4、H3、H4、J3、J4、K3、K4、L1~L4、M1~M4 为空。

4.5.2 长安新能源汽车

1. 长安 CS15EV

长安 CS15EV 纯电动小型 SUV 汽车搭载最大功率 55kW、最大转矩 170N·m 的永磁同步电机。动力电池采用 42.92kW·h 三元锂电，并带有低温智能加热装置。续驶里程 300km，60km/h 等速续驶里程为 350km。

长安 CS15EV 纯电动小型 SUV 汽车的电机控制器安装在前机舱电机的上方，通过矢量控制的方式控制电机输出转矩。电机控制器内部通过 IGBT 开关管的顺序实现电机正、反转和制动能量回收功能。电机控制器控制示意图如图 4-5-4 所示。

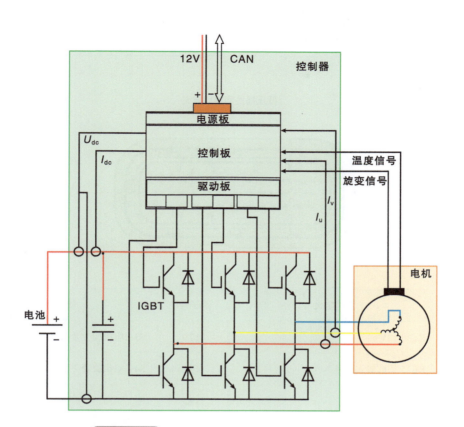

图 4-5-4　长安 CS15EV 电机控制器控制示意图

电机控制器总成外观如图 4-5-5 所示。外围插接器由三相动力线插接器、直流母线插接器、PTC 和空调压缩机插接器、DC-DC 输出插接器、冷却水管、电机控制器总成低压线束插接器等组成。电机控制器总成低压线束插接器端子布置及信号定义见表 4-5-3。

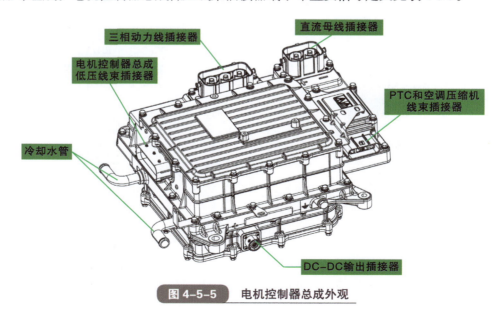

图 4-5-5　电机控制器总成外观

表 4-5-3　电机控制器总成低压线束插接器端子布置及信号定义

低压插接器接口定义

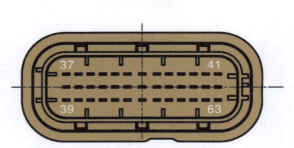

端子号	信号定义	端子号	信号定义
1~2	KL30:12V+	17	S3：电机旋变余弦 – 信号
3	KL15 钥匙输入信号	18	S4：电机旋变正弦 – 信号
4	整车安全使能信号	19	—
5~6	KL31:12V–	20~21	高压直流互锁信号
7	CAN1_H	22~23	熔断器盒互锁信号
8	CAN1_L	24~25	外部互锁信号
9~10	电机温度输入信号	26	—
11~12	—	27	DC-DC_PWR:12V+
13	R1 电机旋变激励信号	28	CAN2_L
14	R2 电机旋变激励信号	29	CAN2_H
15	S1：电机旋变余弦 + 信号	30	GND:12V–
16	S2：电机旋变正弦 + 信号	31~39	—

2. 长安逸动 PHEV

长安移动 PHEV 采用功率 80kW、转矩 260N·m 的永磁同步电机配合 7 速双离合器变速器组成动力耦合系统。电机控制器低压插接器端子及信号定义见表 4-5-4。

表 4-5-4　电机控制器低压插接器端子及信号定义

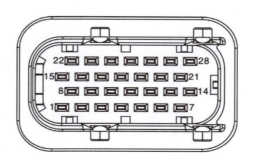

序号	定义		序号	定义	
1	E_S_PLTIN	高压互锁信号输入	21	B_D_CAN0_L	通信 CAN 低信号
4	A_S_PLTOUT	高压互锁信号输出	22	A_F_LG_ERR_NEG	旋转变压器的负激励信号
6	M_A_EMTO	NTCO 信号地	23	E_F_LG_COSHI	旋转变压器的 COS1 高信号
7	E_A_EMTO	NTCO 信号输入	24	E_F_LG_SINHI	旋转变压器的 SIN1 高信号
10	M_SCHIRM_VOGT	旋转变压器的屏蔽地	25	E_S_KL15	唤醒输入信号
15	A_F_LG_ERR_POS	旋转变压器的正激励信号	26	U_UKL30	KL30
16	E_F_LG_COSLO	旋转变压器的 COS0 低信号	27	B_D_CAN1_H	标定 CAN 高信号
17	E_F_LG_SINLO	旋转变压器的 SIN0 低信号	28	B_D_CAN1_L	标定 CAN 低信号
20	B_D_CAN0_H	通信 CAN 高信号			

注：端子号 2、3、5、8、9、11、12、13、14、18、19 为空。

4.5.3　荣威新能源汽车

荣威 ERX5 电机控制器（荣威技术资料称之为电力电子箱 PEB）安装在单速变速器的上方，组成动力驱动总成并一起安装在前机舱内。电机控制器外观如图 4-5-6 所示，电机控制器控制外围连接示意图如图 4-5-7 所示。

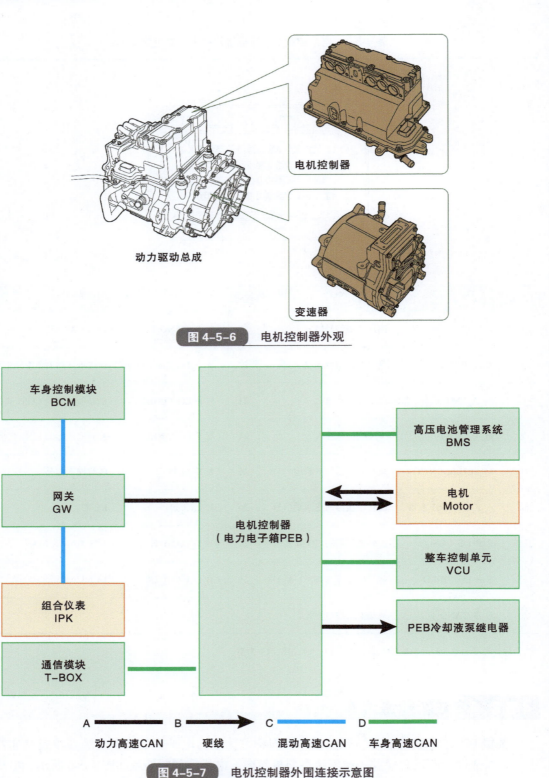

图 4-5-6 电机控制器外观

图 4-5-7 电机控制器外围连接示意图

电机控制器低压插接器端子及信号定义见表 4-5-5。

表 4-5-5　电机控制器低压插接器端子及信号定义

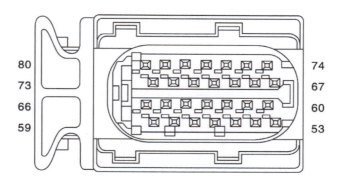

端子号	定义	端子号	定义
53	高压互锁输入	68	旋变 COS-
55	PT-CAN _L	69	旋变 SIN-
56	高压互锁输出	72	混动 CAN_H
58	电机温度传感器 GND	73	混动 CAN_L
59	电机温度传感器输入	74	旋变激励 -
61	PT-CAN_H	75	旋变 COS+
62	旋变线束屏蔽地	76	旋变 SIN+
63	GND	77	唤醒
67	旋变激励 +	78	KL30

4.5.4　比亚迪新能源汽车

比亚迪 E5、秦 EV 电机控制器集成在高压电控总成中。高压电控总成还集成车载充电机、DC-DC 变换器和高压配电模块，另外内部还装有漏电传感器。高压电控总成功能如下：

① 控制高压交 / 直流电双向逆变，驱动电机运转，实现充、放电功能（VTOG、车载充电机）。

② 实现高压直流电转化低压直流电，为整车低压电器系统供电（DC-DC）。

③ 实现整车高压回路配电功能以及高压漏电检测功能（高压配电模块、漏电传感器）。

④ 实现 CAN 通信、故障处理记录、在线 CAN 烧写以及自检等功能。

高压电控总成后部和右侧分别有一个 33 针低压插接器和 64 针低压插接器。33 针和 64 针低压插接器及其端子定义分别见表 4-5-6 和表 4-5-7。

表 4-5-6　33 针低压插接器及其端子定义

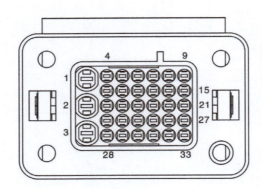

端子号	端子定义	端子号	端子定义
4	VCC 双路电电源	20	一般漏电信号
5	VCC 双路电电源	21	严重漏电信号
8	GND 双路电电源地	22	高压互锁 +
9	GND 双路电电源地	23	高压互锁 −
10	GND	24	主接触器 / 预充接触器电源
13	CAN 屏蔽地	25	交直流充电正负极接触器电源
14	CAN_H	29	主预充接触器控制信号
15	CAN_L	30	直流充电正极接触器控制信号
16	直流霍尔电源 +	31	直流充电负极接触器控制信号
17	直流霍尔电源 −	32	主接触器控制信号
18	直流霍尔信号	33	交流充电接触器控制信号

表 4-5-7 64 针低压插接器及其端子定义

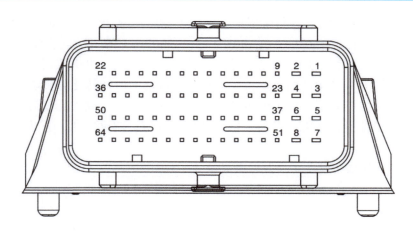

端子号	端子定义	端子号	端子定义
1	外部提供 ON 档电源	37	制动踏板深度屏蔽地
2	外部提供常电源	38	制动踏板深度电源 1
4	外部提供 ON 档电源	39	加速踏板深度电源 2
6	加速踏板深度屏蔽地	40	加速踏板深度电源 1
7	外部电源地	41	制动踏板深度电源 2
8	外部电源地	43	预留开关量输入 1
10	巡航地	44	车内插座触发信号
11	充电枪温度 1 地	45	旋变屏蔽地
12	BCM 充电连接信号	47	充电确认信号
13	充电控制信号	49	动力网 CAN_H
14	巡航信号	50	动力网 CAN_L
15	电机绕组温度	51	制动踏板深度电源地 1
16	充电枪座温度信号 1	52	加速踏板深度电源地 2
17	制动踏板深度 1	54	加速踏板深度电源地 1
18	加速踏板深度 2	55	制动踏板深度电源地 2
19	BMS 信号	56	预留开关量输入 2
26	动力网 CAN 信号屏蔽地	57	制动信号
29	电机模拟温度地	59	励磁 −
31	制动踏板深度 2	60	励磁 +
32	加速踏板深度 1	61	余弦 +
33	预留开关量输出 1	62	余弦 −
34	预留开关量输出 2	63	正弦 +
35	驻车制动信号	64	正弦 −

4.5.5 众泰新能源汽车

众泰 E200 作为一款城市通勤微型车，采用了额定功率 28kW（30kW，E200Pro）、最大功率 60kW、最大转矩 160N·m（180N·m，E200Pro）的永磁同步驱动电机。电机控制器额定电压 210V，额定功率 28kW，采用水冷的冷却方式。电机控制系统是该车型的核心执行机构，执行整车控制器的转矩指令，将动力电池的电能转化为驱动电机的动能，驱动车辆运行。电机控制系统主要由电机控制器、驱动电机等组成，还包括高压电缆、信号线等，主要实现电能到机械能的转换、电机转速的检测、驱动电机/电机控制器温度的检测等功能。

电机控制器低压线束端子定义及检查见表 4-5-8。

表 4-5-8 电机控制器低压线束端子定义及检查

端子检查		颜色	功能	检测条件	数值
万用表正极	万用表负极				
IP34(8)	接地	R/W	高压互锁+	—	—
IP34(11)	接地	G/R	HS_CAN_H	—	—
IP34(12)	接地	Y/R	HS_CAN_L	—	—
IP34(13)	接地	L/R	ON 电源	电源状态"ON"	电压：蓄电池电压
IP34(14)	接地	L/R	ON 电源	电源状态"ON"	电压：蓄电池电压
IP34(15)	接地	B	接地	始终	电阻：0Ω
IP34(16)	接地	R/L	高压互锁	—	—
IP34(18)	接地	Y/L	S3	—	—
IP34(19)	接地	Y/G	S4	—	—
IP34(20)	接地	Y/B	S2	—	—
IP34(22)	接地	R	内部 CAN	—	—
IP34(23)	接地	L	内部 CAN	—	—
IP34(24)	接地	B	接地	电源状态"OFF"	电阻：0Ω
IP34(25)	接地	B	接地	电源状态"OFF"	电阻：0Ω
IP34(26)	接地	B	接地	电源状态"OFF"	电阻：0Ω
IP34(27)	接地	G/W	蓄电池电源	电源状态"OFF"	电压：蓄电池电压
IP34(28)	接地	G/W	蓄电池电源	电源状态"OFF"	电压：蓄电池电压
IP34(29)	接地	Y/O	S1	—	—
IP34(30)	接地	L/R	PT+	—	—
IP34(31)	接地	Y/W	R1	—	—
IP34(32)	接地	Y/R	R2	—	—
IP34(33)	接地	L	PT−	—	—

4.5.6 广汽新能源汽车

广汽传祺 GE3 纯电动汽车的电机控制器安装在前机舱驱动电机上方，如图 4-5-8 所示。

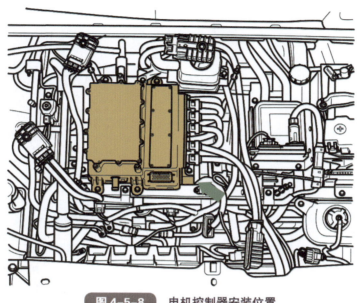

图 4-5-8　电机控制器安装位置

电机控制器包括控制电路、功率驱动单元、DC-DC 变换器、高低压插接器、内部线束和所有相关的软硬件等。其工作电压范围为 220~460V，对人体非常危险，所以对控制器系统进行维护及返修时务必拆卸动力电池手动维护开关，并等待 10min 后再进行。

整车控制器通过电机控制器将信号发送至逆变器内的 IPM，并使用绝缘栅双极型晶体管 (IGBT) 在驱动电机 U/V/W 三相间进行切换，从而控制驱动电机工作。如果整车控制器接收到来自电机控制器的过热、过电流、过电压等异常信号，则将切断逆变器，停止对驱动电机供电。DC-DC 变换器将动力电池的高压直流电转换为低压直流电，给 12V 蓄电池进行充电，保证车载电源的供给。

电机控制器端子布置及定义见表 4-5-9。

4.5.7 北汽新能源汽车

1. 北汽 EV200

北汽 EV200 电动汽车的电机控制器采用三相两电平电压源型逆变器，是驱动电机系统的控制中心，又称智能功率模块，以 IGBT（绝缘栅双极型晶体管）模块为核心，辅以驱动集成电路、主控集成电路。电机控制器的组成如图 4-5-9 所示。

电机控制器对所有的输入信号进行处理，并将驱动电机控制系统运行状态的信息通过 CAN2.0 网络发送给整车控制器。驱动电机控制器内含故障诊断电路。当诊断出异常时，它将会激活一个故障码，发送给整车控制器，同时也会存储该故障码和数据。

表 4-5-9 电机控制器端子布置及定义

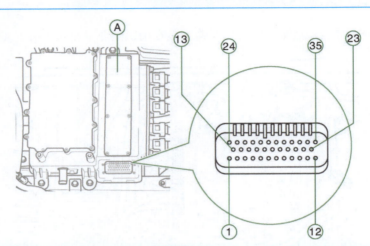

端子号	导线颜色	定义	端子号	导线颜色	定义
2	绿	ECAN-H	16	粉红	驱动电机温度信号 2-
3	橙	驱动电机温度信号 1+	17	绿	驱动电机旋变信号 SIN-
4	蓝	驱动电机温度信号 2+	18	黄	驱动电机旋变信号 COS-
5	蓝	驱动电机旋变信号 SIN+	19	白	驱动电机励磁信号
6	白	驱动电机旋变信号 COS+	22	黑	接地
7	黄	驱动电机励磁信号 +	23	黑	接地
11	粉红	供电	31	紫	高压互锁输出信号
12	粉红	供电	32	灰	高压互锁输入信号
14	橙	ECAN-L	34	红	IG1 电源
15	棕	驱动电机温度信号 1-			

注：端子号 1、8、9、10、13、20、21、24~30、33、35 为空。

使用以下传感器来提供驱动电机系统的工作信息，包括：

① 电流传感器：用以检测电机工作的实际电流（包括母线电流、三相交流电流）。

② 电压传感器：用以检测供给电机控制器工作的实际电压（包括动力电池电压、12V 蓄电池电压）。

③ 温度传感器：用以检测电机控制系统的工作温度（包括 IGBT 模块温度、电机控制器板载温度）。

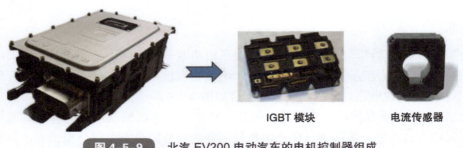

图 4-5-9 北汽 EV200 电动汽车的电机控制器组成

电机控制器低压插接器及端子定义见表4-5-10。

表4-5-10 电机控制器低压插接器及端子定义

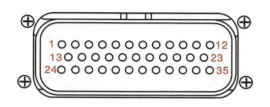

编号	信号名称	说明	编号	信号名称	说明
12	励磁绕组R1	电机旋转变压器接口	10	TH	电机温度传感器接口
11	励磁绕组R2		9	TL	
35	余弦绕组S1		28	屏蔽层	
34	余弦绕组S3		8	485+	RS485总线接口
23	正弦绕组S2		7	485-	
22	正弦绕组S4		15	HVIL1(+L1)	高低压互锁接口
33	屏蔽层		26	HVIL2(+L2)	
32	CAN_H	CAN总线接口	24	12V_GND	控制电源接口
31	CAN_L		1	12V+	
30	CAN_PB				
29	CAN_SHIELD				

2. 北汽EU260

北汽EU260车型将电机控制器、车载充电机、DC-DC和高压控制盒集成在一起，组成高压控制单元PEU。高压控制盒内部IGBT板、车载充电机、DC-DC采用水冷方式，散热效果更好，有效提高了电子器件工作的稳定性。

高压控制单元PEU的主要功能有：怠速控制（爬行）、控制电机正转（前进）和反转（倒车）、能量回收、车载充电、直流高低压变换、快充高压电路控制、PTC加热器控制、高压电路熔断保护等。

PEU低压插接器及端子定义见表4-5-11所示。

表 4-5-11 PEU 低压插接器及端子定义

端子	信号名称	线路走向	端子	信号名称	线路走向
1	12V+（PTC 控制器电源）	熔断器盒 J3 插接器 B1 脚	20	励磁绕组 R1(9Ω)	旋变插接器 A
2	PTC 温度传感器 +	PTC 本体温度传感器	21	正弦绕组 S4	旋变插接器 F
3	12V+ 常电	FB22 熔断器	22	余弦绕组 S1（13Ω）	旋变插接器 C
4	GND	车身接地 S28 节点	23	电机识别电阻 2	旋变插接器 V
5	CAN GND	车身接地 S28 节点	24	GND(DC-DC/PTC)	车身接地 S28 节点
6	CAN_H	新能源 CAN	25	高低压互锁	压缩机控制器 5 脚
8	励磁绕组 R2	旋变插接器 B	26	GND(高低压互锁)	车身接地 S28 节点
9	正弦绕组 S2（13Ω）	旋变插接器 E	27	12V+ 常电	FB22 熔断器
10	余弦绕组 S3	旋变插接器 D	28	快充正继电器控制	VCU118 脚
11	电机识别电阻 1	旋变插接器 N	29	快充负继电器控制	VCU116 脚
12	CAN_SHIELD（电机屏蔽）	旋变插接器	30	W 相温度电阻 2	旋变插接器 L
13	PTC 温度传感器 −	PTC 本体温度传感器	31	W 相温度电阻 1	旋变插接器 M
14	DC-DC 使能信号	VCU62 脚	32	V 相温度电阻 2	旋变插接器 J
15	12V+（VCU 控制继电器电源）	熔断器盒 J3 插接器 A10 脚	33	V 相温度电阻 1	旋变插接器 K
16	GND	车身接地 S28 节点	34	U 相温度电阻 2	旋变插接器 G
17	CAN_L	新能源 CAN	35	U 相温度电阻 1	旋变插接器 H
18	CAN_ 屏蔽	接电机控制器 RC 阻容			

4.5.8　长城新能源汽车

　　长城 C30EV 车型的电机控制器安装在前机舱，如图 4-5-10 所示。电机控制器总成包含电机控制器和 DC-DC 控制器。动力电池包的高压直流电经高压配电盒分配给电机控制器，电机控制器把高压直流电转化成三相交流电提供给驱动电机，电机控制器根据整车控制器的指令使输出的三相交流的参数变化，从而使车辆实现加速、前进、倒车等功能。

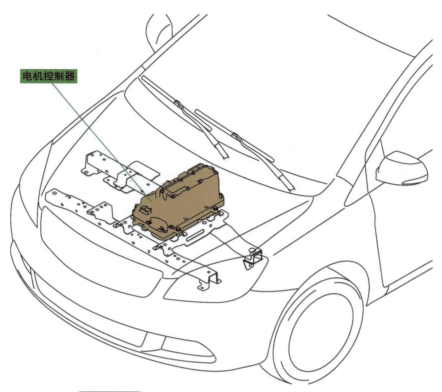

图 4-5-10　长城 C30EV 车型的电机控制器安装位置

电机控制器应能响应整车控制器发出的转矩指令和转速指令，控制驱动电机在电动模式下驱动车辆；滑行或制动时，进行能量回收。

在电动汽车驱动时，电机控制器给出控制永磁同步电机 PWM 波使得通入驱动电机定子绕组的三相电流形成的旋转磁场超前于转子的磁场，此时驱动电机输出驱动转矩，电能转变为机械能驱动车辆。

在电动汽车制动时，电机控制器给出控制永磁同步电机 PWM 波使得通入驱动电机定子绕组的三相电流形成的旋转磁场滞后于转子的磁场，此时驱动电机输出制动转矩，转子的机械能转变为电能回馈进电池组。该制动方法有效地增加了电动汽车的行驶里程。

DC-DC 变换器根据整车控制器的指令将动力电池包的高压直流电转换成低压直流电，为低压电路提供电源，满足整车低压用电设备的需求，必要时为铅酸蓄电池充电，从而实现整车低压电路充、放电的动态平衡。

电机控制器系统框图如图 4-5-11 所示，电机控制器低压插接器及端子定义见表 4-5-12。

4.5.9　江淮新能源汽车

江淮 iEV6 的电机控制器安装在前舱内，采用 CAN 通信控制，通过接收 VCU 发送来的转矩指令和采集的电机位置信号，控制驱动电机的运行。

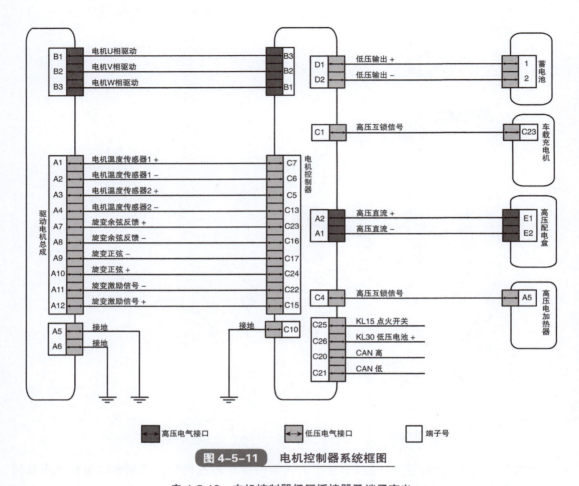

图 4-5-11 电机控制器系统框图

表 4-5-12 电机控制器低压插接器及端子定义

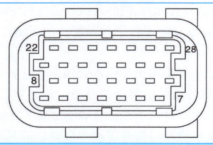

端子号	功能	端子号	功能
C1	互锁信号输入	C20	CAN 高
C4	互锁信号输出	C21	CAN 低
C5	温度传感器 2 输入	C22	驱动电机位置传感器负励磁输出
C6	温度传感器 1 接地	C23	信号输入 +
C7	温度传感器 1 输入	C24	驱动电机位置传感器正弦信号输入 +
C13	温度传感器 2 接地	C25	KL 点火开关
C15	驱动电机位置传感器正励磁输出	C26	KL30 低压电池 +
C16	驱动电机位置传感器余弦信号输入 −	C27	标定总线高
C17	驱动电机位置传感器正弦信号输入 −	C28	标定总线低

电机控制器控制着动力电池组到电机之间能量的传输,其硬件系统主要由辅助电源电路、控制电路、驱动电路、保护电路、IGBT模块等组成。软件控制是电机控制器的核心,采用矢量控制算法控制PWM斩波信号输出,依据电机外特性曲线图实现转矩限制输出,依据电流及转子位置信号的采样并经滤波处理实现电机正反转和转矩控制。

电机控制器具体功能如下:

① 在电机转矩请求信号由VCU通过整车CAN发送过来的基础上,控制电机。

② 电机控制器将电池的直流电转换为交流电,并同时采集电机位置信号和三相电流检测信号,精确地驱动电机。

③ 在减速阶段,电机作为发电机应用。它可以完成由车轮旋转的动能到电能的转换,给电池充电。

④ 如果有故障发生,系统将进入到安全失效模式(fail-safe)。

电机控制器系统原理如图4-5-12所示。

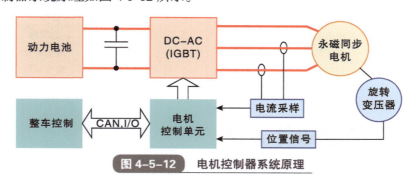

图 4-5-12　电机控制器系统原理

电机控制器有23针和14针两个低压插接器,端子定义见表4-5-13。

表 4-5-13　电机控制器低压插接器端子及定义

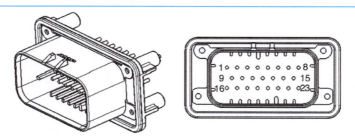

23针端子

端子编号	信号名称	定义	输入/输出	端子编号	信号名称	定义	输入/输出
1	12V	12V电源	—	16	GND_12V	12V电源地	—
2	12V	12V电源	—	17	GND_12V	12V电源地	—
10	DC-DC_EN	DC/DC使能信号	输入	21	CANL	PCU CAN_L	输入/输出
11	DC-DC_FB	DC/DC故障信号	输出	22	CANH	PCU CAN_H	输入/输出
12	DC-DC_RT1	DC/DC热敏电阻	输出	23	CANshield	CAN屏蔽地	—
13	DC-DC_RT2	DC/DC热敏电阻	输出				

注:端子号3~9、14~15、18~20为空。

（续）

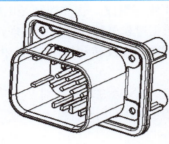 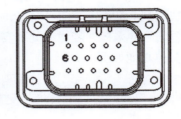

14 针端子

端子编号	信号名称	定义	输入/输出	端子编号	信号名称	定义	输入/输出
1	S4	旋变信号	输入	7	S3	旋变信号	输入
2	NTC_GND	电机温度	—	8	232OUT	烧写口	输出
3	S2	旋变信号	输入	10	BOOTEN	烧写口	—
4	NTC	电机温度	—	12	CAN_GND	总线地	—
5	S1	旋变信号	输入	13	R1	旋变信号	输出
6	232IN	烧写口	输入	14	R2	旋变信号	输出

注：端子号 9、11 为空。

4.6 驱动系统零部件更换

驱动系统的介绍以吉利帝豪 EV 300/EV 350/EV450 为例。

4.6.1 电机控制器的更换

1. 拆卸

① 打开机舱盖，断开蓄电池负极电缆并等待至少 5min。

② 向上推动图 4-6-1 箭头所示的直流母线插接器卡扣保险，并断开直流母线连接充电机端的插接器。

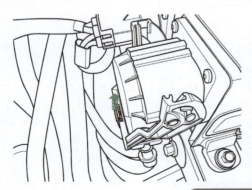 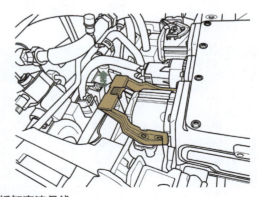

图 4-6-1　拆卸直流母线

注意： 拆卸直流母线时佩戴绝缘手套，拆卸后使用万用表测量直流母线段正负极电压，又有低于1V，才能进行下面的操作。

③ 在机舱内拆卸如图 4-6-2 所示的电机控制器上盖的 8 个螺栓，并取下电机控制器上盖。

④ 如图 4-6-3 所示，先拆卸驱动电机三相线插接器（电机控制器侧）3 个固定螺栓 1；再拆卸驱动电机三相线束端子（电机控制器侧）3 个固定螺栓 2，脱开三相线束；其次拆卸电机控制器高压线束插接器（电机控制器侧）2 个固定螺栓 3；最后拆卸电机控制器高压线束端子（电机控制器侧）2 个固定螺栓 4，脱开线束。

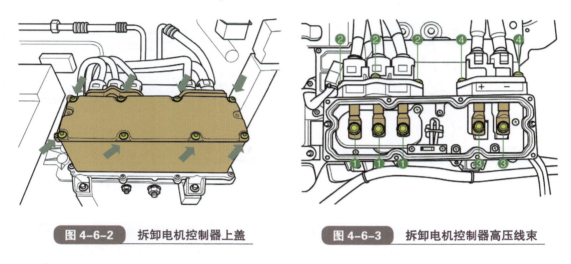

图 4-6-2　拆卸电机控制器上盖　　　　图 4-6-3　拆卸电机控制器高压线束

⑤ 取下图 4-6-4 所示的电机控制器接地防尘罩；断开电机控制器线束插接器；拆卸图 4-6-5 所示电机控制器的 2 根接地线束固定螺母，脱开接地线束。

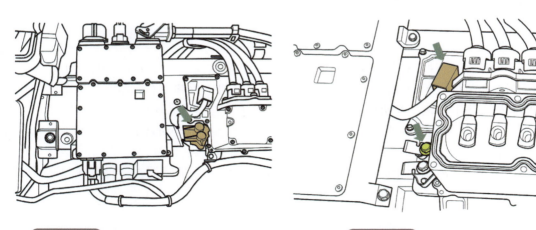

图 4-6-4　取下电机控制器接地防尘罩　　　　图 4-6-5　拆卸接地线束

⑥脱开图 4-6-6 箭头所示的电机控制器进、出水管环箍,断开进、出水管。

> **注意:** 水管脱开前,先在车底放置收集容器,接住防冻液。

⑦拆卸图 4-6-7 所示的电机控制器 4 个固定螺栓,取下电机控制器总成。

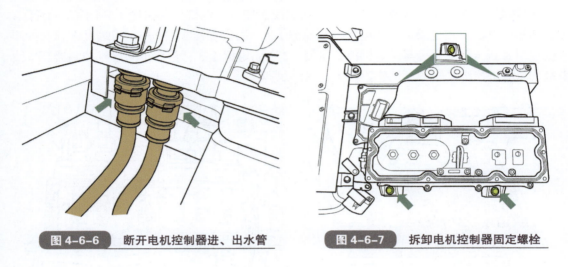

图 4-6-6　断开电机控制器进、出水管　　　图 4-6-7　拆卸电机控制器固定螺栓

2. 安装

安装时大体按照与拆卸相反的顺序进行,应注意各固定螺栓的紧固力矩。电机控制器端盖合盖时螺栓采用对角法拧紧。安装结束后按照规定步骤加注并检查冷却液,详细步骤见本书第 5 章。

4.6.2　驱动电机的更换

1. 拆卸

①拆卸周围附件。打开机舱盖,断开蓄电池负极电缆。断开车载充电机处直流母线(参见 4.6.1 相关步骤)。回收空调制冷剂。在车辆举升机上拆卸左右轮胎,举升车辆拆卸机舱底部护板。降下车辆,在机舱内拆卸车载充电机(参见本书第 6 章)、电机控制器(参见 4.6.1 节)、空调制冷管路。举升车辆,拆卸驱动轴、压缩机、电动真空泵、冷却水泵(参见本书第 5 章)等。

②如图 4-6-8 所示,先拆卸 TCU(动力合成箱控制器)插接器 1;再断开减速器电机插接器 2;最后拆卸线束卡扣 3。

③拆卸图 4-6-9 所示的驱动电机线束插接器 1 和线束卡扣 2。

第4章 驱动系统

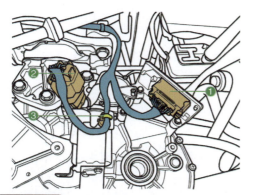

图4-6-8 断开动力合成箱插接器和线束卡扣

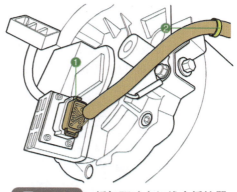

图4-6-9 拆卸驱动电机线束插接器

④ 拆卸图4-6-10箭头所示的线束接地线。

⑤ 使用环箍钳拆卸图4-6-11箭头所示的驱动电机进、出水管环箍，脱开驱动电机进、出水管。

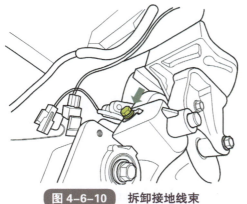

图4-6-10 拆卸接地线束

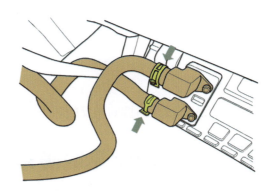

图4-6-11 拆卸驱动电机进、出水管

⑥ 拆卸悬置后，适当举升车辆，在车下放置举升平台车，并举升到拖住动力总成底部位置，如图4-6-12所示。

⑦ 拆卸动力总成（含电机和减速器）与车架的两个固定螺母，如图4-6-13箭头所示。

图4-6-12 在车下放置举升平台车

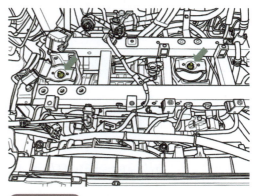

图4-6-13 拆卸动力总成与车架固定螺母

⑧ 如图 4-6-14 所示，缓慢降下举升平台车，将动力总成在车身下部移出，小心防止动力总成从平台车上掉落。

⑨ 将动力总成放置在稳固的工作平台或维修支架上，拆卸图 4-6-15 箭头所示的驱动电机与减速器总成之间的连接螺栓，将驱动电机和减速器分离。

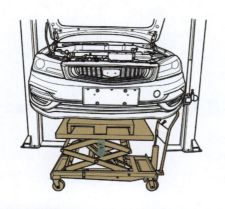

图 4-6-14　降下平台车并移出动力总成

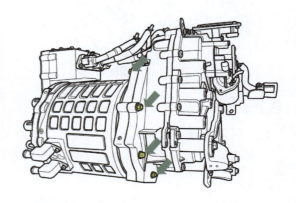

图 4-6-15　拆卸动力总成与减速器之间的连接螺栓

2. 安装

安装时大体按照与拆卸相反的顺序进行，应注意各固定螺栓的紧固力矩。

4.7 驱动系统常见故障诊断与排除

驱动系统常见故障有驱动电机过速、驱动电机过温、驱动电机过流、驱动电机旋转变压器故障、电机控制器过温等。

4.7.1 驱动电机过速故障

驱动电机过速故障的诊断条件及可能导致故障的原因见表 4-7-1。

表 4-7-1　驱动电机过速故障

故障名称	DTC 诊断条件	可能导致故障的原因
驱动电机过速故障	驱动电机转速超过 7700r/min（江淮 iEV6，该数值因车型不同而不同）	①低负载或空载 ②驱动电机本身故障 ③电机控制器故障

驱动电机过速故障的诊断步骤如图 4-7-1 所示。

第 4 章 驱动系统

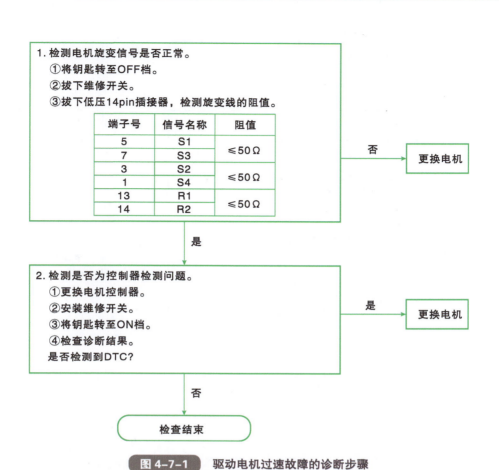

图 4-7-1　驱动电机过速故障的诊断步骤

以上故障诊断步骤是以江淮 iEV6 为例，其他车型的检测可参考，电机控制器参见 4.4 节相关部分。

4.7.2　驱动电机过温故障

驱动电机过温故障的诊断条件及可能导致故障的原因见表 4-7-2。

表 4-7-2　驱动电机过温故障

故障名称	DTC 诊断条件	可能导致故障的原因
驱动电机过温故障	驱动电机温度超过 145℃（江淮 iEV6，该数值因车型不同而不同）	①冷却液泵 ②冷却管路堵塞 ③冷却液不足 ④驱动电机自身故障 ⑤电机控制器故障

驱动电机过温故障的诊断步骤如图 4-7-2 所示。

157

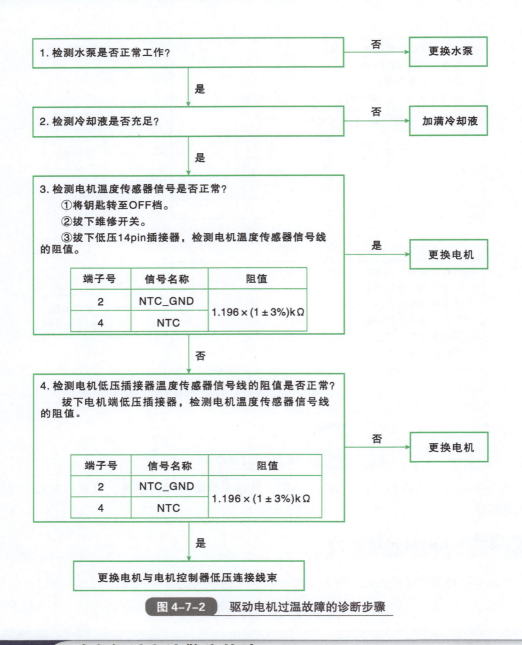

图 4-7-2　驱动电机过温故障的诊断步骤

4.7.3　驱动电机过电流警告故障

驱动电机过电流警告故障的诊断条件及可能导致故障的原因见表 4-7-3。

表 4-7-3　驱动电机过电流警告故障

故障名称	DTC 诊断条件	可能导致故障的原因
驱动电机过电流警告故障	驱动电机相电流超过 490A（江淮 iEV6，该数值因车型不同而不同）	①驱动电机自身故障 ②电机控制器故障

驱动电机过电流警告故障的诊断步骤如图 4-7-3 所示。

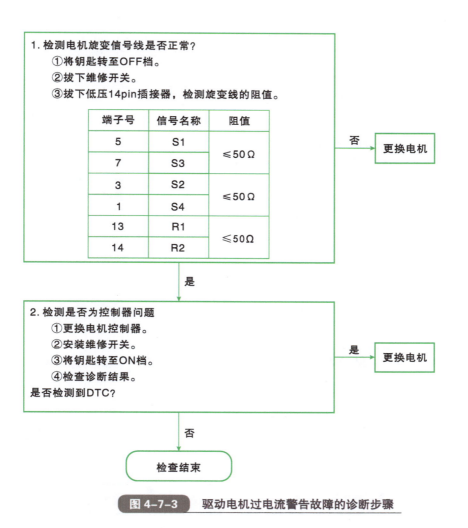

图 4-7-3　驱动电机过电流警告故障的诊断步骤

4.7.4　驱动电机旋转变压器故障

驱动电机旋转变压器故障的诊断条件及可能导致故障的原因见表 4-7-4。

表 4-7-4　驱动电机旋转变压器故障

故障名称	DTC 诊断条件	可能导致故障的原因
驱动电机旋转变压器故障	旋变解码芯片报故障	①外部线束 ②DC-DC ③驱动电机自身故障 ④电机控制器故障

驱动电机旋转变压器故障的诊断步骤如图 4-7-4 所示。

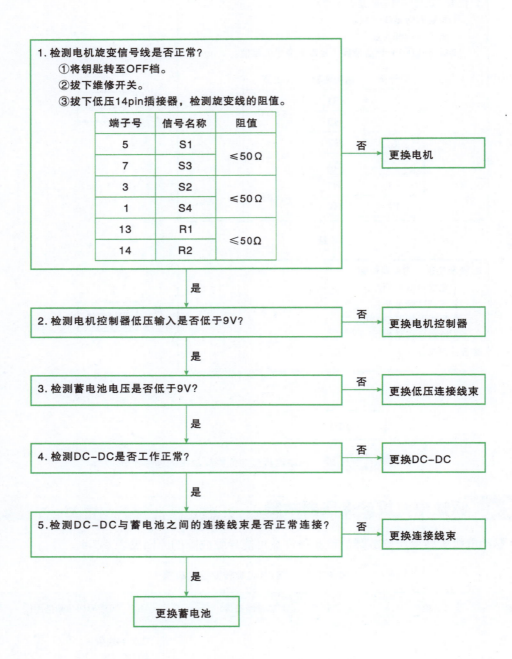

图 4-7-4　旋转变压器故障的诊断流程

4.7.5 电机控制器过温故障

电机控制器过温故障的诊断条件及可能导致故障的原因见表 4-7-5。

表 4-7-5 电机控制器过温故障

故障名称	DTC 诊断条件	可能导致故障的原因
电机控制器过温故障	电机控制器温度超过 85℃	①冷却液泵 ②冷却管路堵塞 ③冷却液不足 ④电机控制器故障

电机控制器过温故障的诊断步骤如图 4-7-5 所示。

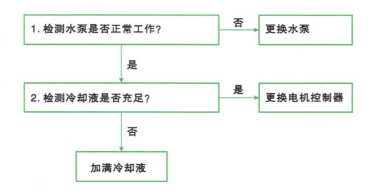

图 4-7-5 电机控制器过温故障的诊断步骤

4.7.6 驱动电机异响、强烈振动或转速和输出功率达不到要求

驱动电机出现异响、强烈振动或转速和输出功率达不到要求时，车辆会以限制功率状态运行，更为严重的会出现无法正常行驶现象，可按照图 4-7-6 所示的步骤进行诊断（吉利帝豪 EV300/EV350/EV450）。

1. 紧固电机固定螺栓。
   A 操作起动开关使电源模式至OFF状态。
   B 检查电机后端盖与悬架支架连接螺栓是否紧固。
   C 检查电机前端盖与减速器壳体连接螺栓是否紧固。

   否 → 紧固电机固定螺栓

   是 ↓

2. 检查电机冷却系统。
   A 操作起动开关使电源模式至ON状态。
   B 检查冷却管路有无老化、变形、渗漏。
   C 确认水箱、管路无水垢、堵塞现象。
   D 确认水泵工作正常。

   否 → 优先排除冷却系统故障

   是 ↓

3. 检查电机线束插接器。
   A 操作起动开关使电源模式至OFF状态。
   B 检查电机低压线束插接器是否插接牢固、无松脱。
   C 检查电机高压线束插接器是否插接牢固、无松脱。

   否 → 重新固定插接器

   是 ↓

4. 检查驱动电机三相线束紧固力矩。
   A 操作起动开关使电源模式至OFF状态。
   B 断开蓄电池负极电缆。
   C 断开直流母线。
   D 检查三相线束固定螺栓的紧固力矩（电机控制器侧）是否符合标准。
   E 检查三相线束固定螺栓的紧固力矩（电机侧）是否符合标准。

   否 → 紧固电机三相线束

   是 ↓

5. 检测驱动电机三相线束是否相互短路。

   EP62接电机总成线束插接器

   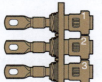

   A 操作起动开关使电源模式至OFF状态。
   B 断开蓄电池负极电缆。
   C 断开直流母线。
   D 断开驱动电机三相线束插接器BV19。
   E 断开驱动电机三相线束插接器EP62。
   F 用万用表按下表进行测量：

测量位置A	测量位置B	测量标准值
BV19-1	BV19-2	标准电阻：20KΩ或更高
BV19-1	BV19-3	
BV19-2	BV19-3	

   G 确认测量值是否符合标准。

   否 → 修理或更换线束

图 4-7-6　驱动电机异响、转速

↓是

6. 检测驱动电机三相线绝缘电阻。

BV19接驱动电机线束插接器

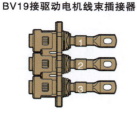

A 操作起动开关使电源模式至OFF状态。
B 断开直流母线。
C 断开驱动电机三相线束插接器BV19。
D 用万用表按下表进行测量：

测量位置A	测量位置B	测量标准值
BV19-1	车身接地	标准电阻：20KΩ或更高
BV19-2	车身接地	
BV19-3	车身接地	

E 确认测量值是否符合标准。

否 → 修理或更换线束

↓是

7. 进行前后端盖清理检查。
A 拆卸电机。
B 用除锈清洗剂清洗端盖，确认端盖无灰尘、无杂物，止口无破损，无碰伤。
C 用内径千分尺测量确认轴承室无磨损、甩圈，轴承室尺寸合格。

否 → 修理或更换后端盖

↓是

8. 清理检查水套壳体。
A 拆卸电机。
B 用除锈清洗剂清洗，水套端面要求无灰尘、无杂物，止口无破损，无碰伤。
C 用密封检测工装检测壳体有无漏气现象。
D 用水道检测工装检测水道是否有堵塞，水道流量是否满足冷却要求。
E 复测转子动平衡，超出规定数值后，需重新标定动平衡量。
F 确认故障是否排除。

是 → 诊断结束

↓否

9. 转子清理检查。
A 拆卸电机。
B 用电机专用拆装机拆出转子。
C 用胶带清理转子灰尘、杂物，用除锈剂清除转子锈迹。
D 检测转子，要求铁心外径无鼓起、无破损、无剐蹭。
E 复测转子动平衡，超出规定数值后，需重新标定动平衡量。
F 确认故障是否排除。

是 → 诊断结束

↓否

和功率达不到要求的诊断排除流程

↓ 否

10. 定子检测清理检查。
   A 拆卸电机。
   B 用吸尘器清理定子灰尘，用除锈剂清除定子铁心的锈迹，要求定子表面无灰尘、定子内圆无剐蹭、无杂物，定子线包无损伤，定子绝缘漆无脆裂等。
   C 用耐压绝缘表测试耐压、绝缘。
   D 用定子综合测试仪测试电性能。
   E 线束端子更换。
   F 温度传感器绝缘检测。
   G 重新更换三相线束和温度传感器线束的绝缘管、热缩管。
   H 确认故障是否排除。 —是→ 诊断结束

↓ 否

11. 检测旋变定子。
   A 拆卸电机。
   B 用电阻计检测旋变定子电阻值。
   C 用耐压绝缘表测试耐压、绝缘。
   D 重新更换旋变信号线线束绝缘管、端子。
   E 确认故障是否排除。 —是→ 诊断结束

↓ 否

12. 前、后轴承更换。
   A 拆卸电机。
   B 用拉马拆除旧轴承，用专用压装工装压轴承内圈，更换新轴承，轴承须装配到位。
   C 轴用轴承挡圈安装到位。
   D 确认故障是否排除。 —是→ 诊断结束

↓ 否

13. 更换驱动电机。
   A 操作起动开关使电源模式至OFF状态。
   B 断开蓄电池负极电缆。
   C 断开直流母线。
   D 更换驱动电机。
   E 确认电动座椅工作正常。

↓

14. 诊断结束

图 4-7-6　驱动电机异响、转速和功率达不到要求的诊断排除流程（续）

4.7.7 驱动电机绝缘值的检查

电机绝缘是指线圈对机身和其他绕组间的绝缘，习惯上也叫对地绝缘。电机的工作温度受到绝缘材料限制。若工作温度超出了绝缘材料所允许的温度，绝缘材料就会迅速老化使其使用寿命大大缩短。一旦绝缘材料失效会对电机或高压系统造成严重损坏，所以在电机维修中要严格按照要求检查绝缘值。吉利帝豪 EV300/EV350/EV450 车型驱动电机的绝缘值检查步骤如图 4-7-7 所示。

1. 确认高压回路切断。

BV18
接电机控制器线束插接器

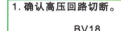

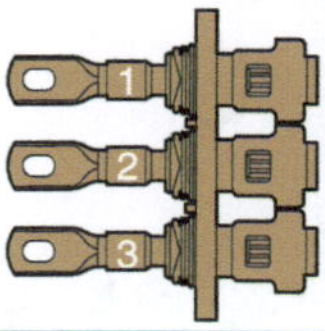

A 操作起动开关使电源模式至OFF状态。
B 断开蓄电池负极电缆。
C 断开直流母线。
D 断开电机控制器线束插接器BV18。
E 等待5min。
F 用万用表检测电机控制器正负极电压。
标准电压：≤5V

否 → 等待电机电压下降

是 ↓

2. 检测电机绝缘阻值。

BV18
接电机控制器线束插接器

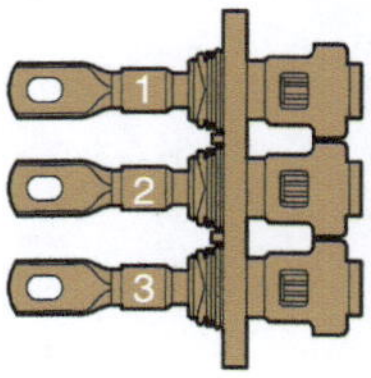

A 操作起动开关使电源模式至OFF状态。
B 断开蓄电池负极电缆。
C 断开直流母线。
D 拆卸电机控制器线束插接器BV18（电机控制器侧）。
E 将高压绝缘检测仪的档位调至1000V。
F 用高压绝缘检测仪测量三相线束插接器BV18的1号端子与电机壳体之间的电阻。
标准电阻：≥20MΩ
G 用高压绝缘检测仪测量三相线束插接器BV18的2号端子与电机壳体之间的电阻。
标准电阻：≥20MΩ
H 用高压绝缘检测仪测量三相线束插接器BV18的3号端子与电机壳体之间的电阻。
标准电阻：≥20MΩ
I 确认测量值是否符合标准。

否 → 修理或更换线束

是 ↓

绝缘阻值正常

图 4-7-7　驱动电机绝缘值的检查

第 5 章 冷却系统

Chapter 5

- 5.1　动力电池冷却系统　　167
- 5.2　驱动电机冷却系统　　169
- 5.3　冷却系统检查维护及零部件更换　　171
- 5.4　冷却系统常见故障诊断与排除　　178

新能源汽车（纯电动和插电式混合动力汽车）的动力电池、电机、电机控制器等部件在工作中会产生大量的热量，部件的过热会严重影响其工作性能。因此新能源汽车与传统汽车一样，也必须采用冷却系统。另外，动力电池组的最佳工作温度为23~24℃，温度并非越低越好，在低温的环境下需要对动力电池组进行加热，保持合适的工作温度。

5.1 动力电池冷却系统

动力电池作为电动汽车的动力能源，其充电、做功的发热问题是制约动力电池发展的重要因素。动力电池的性能与电池温度密切相关。40~50℃及以上的高温会明显加速电池的衰老，更高的温度（如120~150℃及以上）则会引发电池热失控。

动力电池组的工作状态包括：

① 电池组在充、放电时会释放一定的热量，故需要对电池组进行冷却。
② 在低温环境下，需要对电池组进行加热处理，以提高运行效率。

动力电池组采用冷却系统的作用是：通过对动力电池组冷却或加热，保持动力电池组较佳的工作温度，以改善其运行效率并提高电池组的寿命。

目前应用在动力电池上的冷却方式有水冷和风冷两种。

1. 水冷动力电池冷却系统

水冷动力电池冷却系统主要部件包括散热器、膨胀壶、电子水泵、VCU（或HPCM2，混动车型）、冷却液控制阀、加热器和冷却管路等。图5-1-1所示为吉利帝豪EV450车型水冷式驱动电机和动力电池冷却系统。

水冷动力电池冷却系统的优点是：电池平均能量效率高；电池模块结构紧凑；冷却效果优异；能集成电池加热组件，解决了在环境温度很低的情况下，加热电池的问题。缺点是：系统复杂，多了很多部件，如水泵、阀、低温水箱，成本增加。

2. 风冷动力电池冷却系统

风冷动力电池冷却系统是利用散热风扇将来自车厢内部的空气吸入动力电池箱，以冷却动力电池以及动力电池的控制单元等部件。

丰田普锐斯、凯美瑞（混动版）、卡罗拉双擎、雷凌双擎采用风冷动力电池冷却系统。其部件组成和原理图如图5-1-2所示。

车厢内部的空气通过右后座侧面的进气口流入，向下流经动力电池或DC-DC变换器（混合动力车辆），以降低动力电池和DC-DC变换器的温度。空气通过排气管从车内排出。

新能源汽车冷却系统

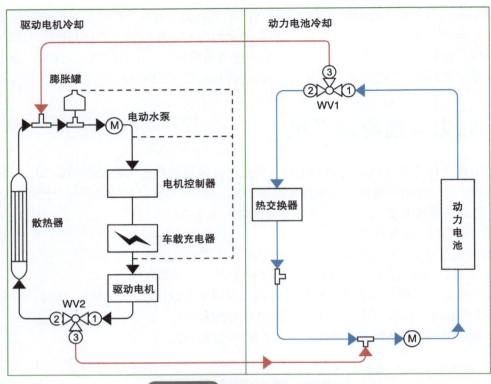

图 5-1-1　水冷动力电池冷却系统

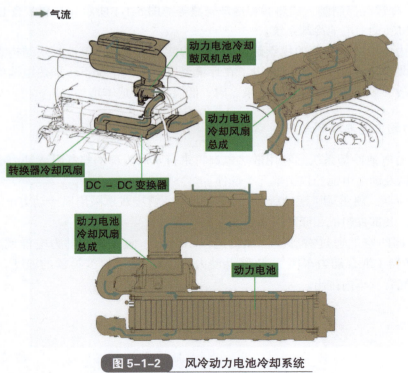

图 5-1-2　风冷动力电池冷却系统

5.2 驱动电机冷却系统

与内燃机相比，驱动电机系统在起动时（READY 为 ON 时）不会产生过多热量，而且几乎不产生功率。然而当以最大功率运行时，变频器可能会迅速产生大量热。所以几乎所有驱动电机系统都配有某种类型的冷却系统。

和动力电池组一样，驱动电机系统可以有风冷和水冷两种冷却形式。目前新能源车型普遍采用水冷式冷却系统。

吉利帝豪 EV300/EV450 电机控制器、车载充电机、驱动电机等采用水冷式冷却方式。冷却系统由电动冷却液泵、膨胀罐、散热器、冷却管路等组成，电动水泵由低压电路驱动，为冷却液的循环提供压力。冷却系统如图 5-2-1 所示。

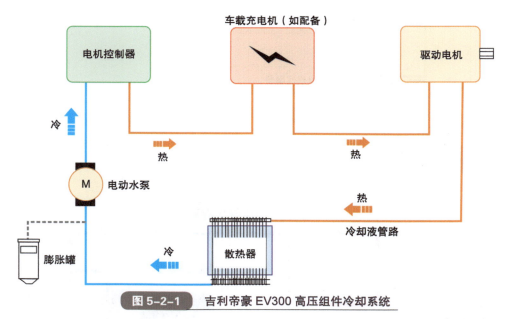

图 5-2-1 吉利帝豪 EV300 高压组件冷却系统

冷却系统散热器风扇采用双风扇，通过两个不同的电机驱动扇叶，实现高低速的控制模式。冷却风扇由整车控制模块（VCU）利用冷却风扇低速继电器和冷却风扇高速继电器直接控制，在低速电路中，采用串联调速电阻的方式来改变风扇的转速。

整车控制器还控制电动冷却液泵，在需要的时候开启。同时，通过 CAN 总线接收车载充电机和电机控制器温度信息，在需要时开启冷却液水泵和高、低散热器风扇进行散热。控制系统原理如图 5-2-2 所示。

宝马 X1（F49 PHEV）插电式混合动力系统车型安装的 3 缸 1.5T 涡轮增压发动机需要冷却，因此高压系统搭载了一套专用低温冷却回路。这套专用的低温冷却回路由冷却液/空气热交换器、冷却液膨胀箱、电动冷却液泵以及相关管路等组成，独立于发动机冷却系统之外工作，用于冷却高压起动机、车载充电机、电机电子装置（电机控制器、高压配电单元、DC-DC）、驱动电机等高压组件。系统组成如图 5-2-3 所示。

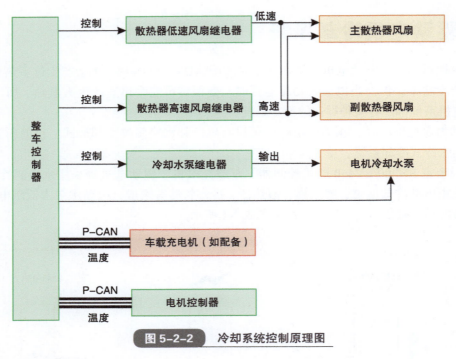

图 5-2-2　冷却系统控制原理图

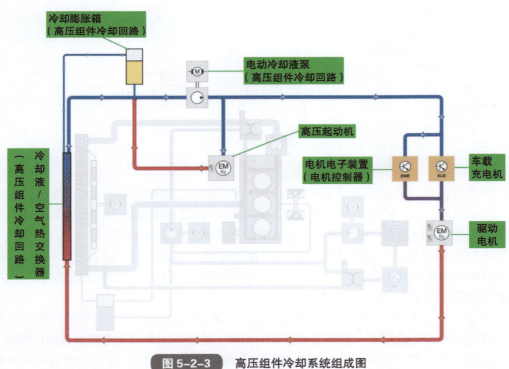

图 5-2-3　高压组件冷却系统组成图

高压组件冷却系统的安装位置如图 5-2-4 所示。冷却液/空气热交换器与冷却模块集成为一体。根据电机电子装置（电机控制器）的冷却要求，电动冷却液泵及电扇进行启用，从而降低高压组件温度。

虽然驱动电机的设计温度范围较大,但是为了保障驱动电机在任何条件下热操作的安全性,驱动电机必须采用可靠的冷却方式进行散热。为了冷却驱动电机定子线圈,在定子和驱动电机壳罩之间设计了一个冷却液管道,高压组件的低温冷却液回路为冷却液管道供给冷却液。

驱动电机转子通过转子空气循环冷却系统进行冷却。在这种配置条件下,空气流过转子中的冷却液管道以及壳罩内的冷却液管道,空气在壳罩内被冷却液冷却。这就确保了一个更为平衡和偏低的转子温度。

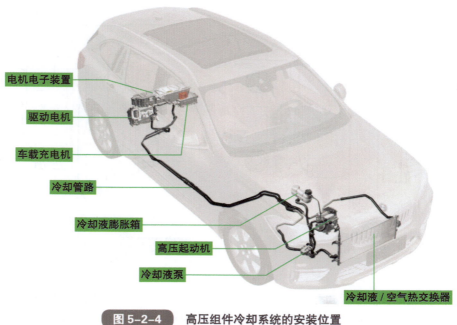

图 5-2-4　高压组件冷却系统的安装位置

5.3　冷却系统检查维护及零部件更换

5.3.1　电动冷却液泵(电机冷却系统)的更换

① 打开机舱盖,打开蓄电池负极电缆保护盖,拆卸蓄电池负极电缆固定螺母,断开蓄电池负极电缆。

② 找到驱动电机冷却系统电动冷却液泵,断开电动冷却液泵线束插接器。

③ 使用卡箍钳分别拆卸图 5-3-1 中箭头所示的散热器出水管(电动冷却液泵侧)和电机控制器总成出水管(电动冷却液泵侧)。

注意：冷却液管路脱开前，在车底放置收集容器，接住冷却液。

④ 使用棘轮扳手拆卸图 5-3-2 箭头所示的 2 个电动冷却液泵固定螺栓，取下电动冷却液泵。

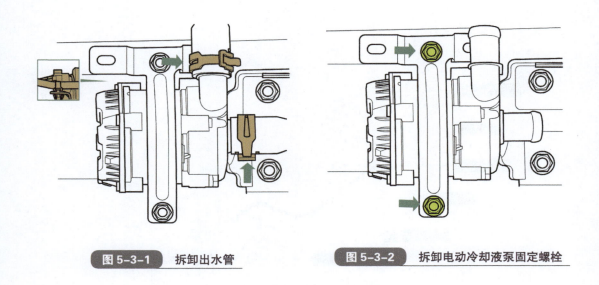

图 5-3-1　拆卸出水管　　　　　　　图 5-3-2　拆卸电动冷却液泵固定螺栓

安装时大体按照与拆卸相反的顺序进行即可，注意连接插接器时遵循"一插、二响、三确认"原则。安装完成后添加并检查冷却液，参见 5.3.6 节。

5.3.2　电动冷却液泵（动力电池冷却系统）的更换

① 打开机舱盖，再打开蓄电池负极电缆保护盖，拆卸蓄电池负极电缆固定螺母，断开蓄电池负极电缆。

② 找到驱动电机冷却系统电动冷却液泵，断开图 5-3-3 所示的电动冷却液泵线束插接器。

③ 使用卡箍钳分别拆卸图 5-3-3 所示的冷却液泵进、出水管连接卡箍，脱开冷却液泵进、出水管。

④ 使用棘轮扳手拆卸图 5-3-4 箭头所示的电动冷却液泵支架上 2 个固定螺母，取下电动冷却液泵总成。

安装时大体按照与拆卸相反的顺序进行，安装完成后添加并检查冷却液，参见 5.3.6 节。

第 5 章 冷却系统

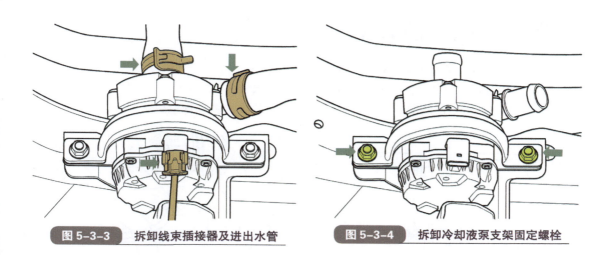

图 5-3-3　拆卸线束插接器及进出水管　　　　图 5-3-4　拆卸冷却液泵支架固定螺栓

5.3.3　散热器出水管的更换

① 打开机舱盖，举升车辆，拆卸机舱底部护板总成。
② 使用卡箍钳断开图 5-3-5 所示的散热器出水管卡箍，并断开散热器出水管。

注意：冷却液管路脱开前，在车底放置收集容器，接住冷却液。

③ 断开图 5-3-6 所示的热交换器与散热器连接水管。
④ 使用卡箍钳松开图 5-3-7 箭头所示的冷却液泵与散热器水管的连接卡箍，取下出水管。

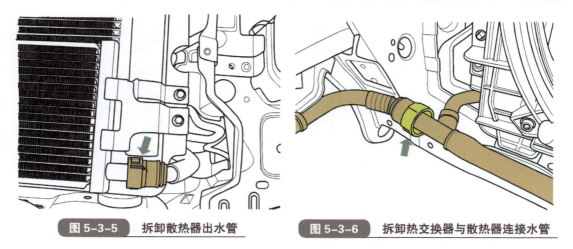

图 5-3-5　拆卸散热器出水管　　　　图 5-3-6　拆卸热交换器与散热器连接水管

安装时大体按照与拆卸相反的顺序进行，安装完成后添加并检查冷却液，参见 5.3.6 节。

173

5.3.4 散热器进水管的更换

① 打开机舱盖，举升车辆，拆卸机舱底部护板总成。
② 使用专用环箍钳断开图 5-3-8 所示的散热器进水管环箍，并断开散热器进水管。
③ 松开图 5-3-9 所示的散热器进水管卡箍，取出散热器进水管总成。

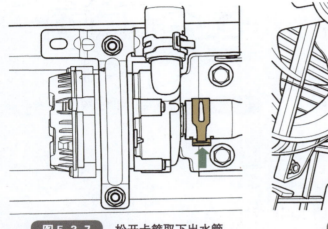

图 5-3-7　松开卡箍取下出水管　　　　图 5-3-8　断开散热器进水管

安装时大体按照与拆卸相反的顺序进行，安装完成后添加并检查冷却液，参见 5.3.6 节。

5.3.5 电机控制器总成进出水管的更换

① 打开机舱盖，排放电机系统冷却液，参见 5.3.6 节。
② 分别松开图 5-3-10 所示的两个卡扣，脱开电机控制器总成进、出水管。

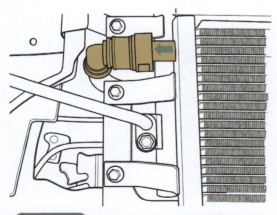 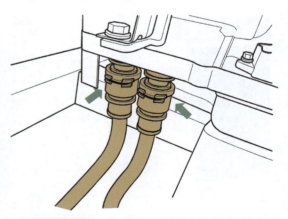

图 5-3-9　松开卡箍取出散热器进水管总成　　　图 5-3-10　脱开电机控制器总成进出水管

③ 使用专用环箍钳拆卸图 5-3-11 箭头所示的环箍，脱开电机控制器总成进水管（电动冷却液泵侧）；脱开水管固定支架，取下电机控制器总成进水管。

④ 使用环箍钳拆卸图 5-3-12 箭头所示的环箍，脱开电机控制器总成进水管（电机控制器侧）。脱开水管固定支架，取下电机控制器总成进水管。

安装时大体按照与拆卸相反的顺序进行，安装完成后添加并检查冷却液，参见 5.3.6 节。

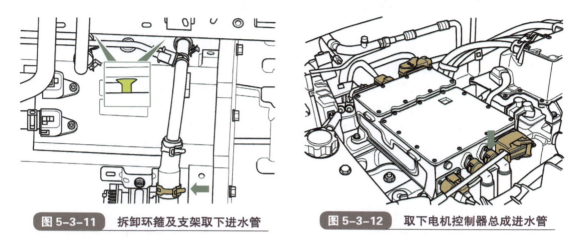

图 5-3-11　拆卸环箍及支架取下进水管　　　图 5-3-12　取下电机控制器总成进水管

5.3.6　冷却液检查及更换

1. 冷却液液位检查（驱动电机及动力电池冷却液系统）

① 打开机舱盖，找到图 5-3-13 所示的驱动电机/动力电池系统膨胀罐，检查膨胀罐内冷却液液位是否位于"F"和"L"之间。

② 打开图 5-3-13 箭头指示的加注口盖，查看冷却液是否浑浊。

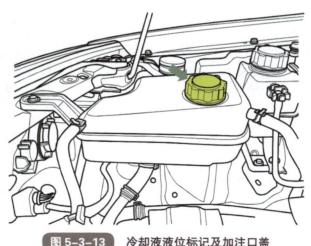

图 5-3-13　冷却液液位标记及加注口盖

> 注意：应在冷却液彻底冷却后再打开加注口盖，处于散热状态时切勿打开，以免烫伤。如果冷却液不在规定范围内，应添加；如果冷却液浑浊，应更换。

2. 冷却液更换程序（驱动电机及动力电池冷却液系统）

① 打开膨胀罐冷却液加注口盖（参见图 5-3-13）。

② 断开散热器出水管（热交换器与散热器连接水管处，参照图 5-3-6），使用容器收集排放出的冷却液。

③ 冷却液排放完毕后，连接散热器出水管（热交换器与散热器连接水管处，参照图 5-3-6），并检查冷却管路连接是否完整。

④ 使用诊断仪进入加注初始化状态，具体操作如下：将车辆起动至 ON 档，且非充电状态，连接诊断仪（这里以吉利帝豪 EV450 为例），选择 FE-3ZA 车型—手动选择系统—空调控制器（AC）—特殊功能，选择加注初始化，车辆处于加注初始化状态。

⑤ 打开膨胀罐加注盖，如图 5-3-14 所示，缓慢加注冷却液，直至膨胀罐内冷却液达到 80% 左右，且液位不再下降。

⑥ 进行冷却系统排气操作。具体操作如下：连接诊断仪，使车辆处于排气状态，如果液位下降应及时补充冷却液，排气过程时长不小于 10min。

⑦ 观察膨胀罐内冷却液液位，若下降应及时补充冷却液，确保冷却液液位处于"F"和"L"之间。

⑧ 拧紧膨胀罐加注盖，使用诊断仪将车辆恢复默认模式。

3. 冷却液液位检查（暖风系统）

① 打开机舱盖，找到图 5-3-15 所示的驱动电机/动力电池系统膨胀罐，检查膨胀罐内冷却液液位是否位于"MAX"和"MIN"之间。

② 打开图 5-4-15 所示的加注口盖，查看冷却液是否浑浊。

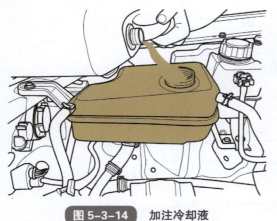

图 5-3-14　加注冷却液

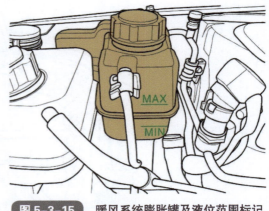

图 5-3-15　暖风系统膨胀罐及液位范围标记

4. 冷却液更换（暖风系统）

① 打开图 5-3-16 所示的暖风系统冷却液膨胀罐总成加注口盖。

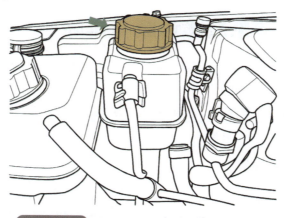

图 5-3-16 暖风系统冷却液膨胀罐加注口盖

② 断开图 5-3-17 箭头所示的暖风循环冷却液泵出水管，使用容器收集排放出的冷却液。待出水管不再有冷却液排出，重新连接暖风循环冷却液泵出水管。

③ 使用诊断仪进入加注初始化状态。具体操作如下：将车辆起动至 ON 档，且非充电状态，连接诊断仪（这里以吉利帝豪 EV450 为例），选择 FE-3ZA 车型—手动选择系统—空调控制器（AC）—特殊功能，选择加注初始化，车辆处于加注初始化状态。

④ 打开膨胀罐加注口盖，如图 5-3-14 所示，缓慢加注冷却液，直至膨胀罐内冷却液达到 80% 左右，且液位不再下降。

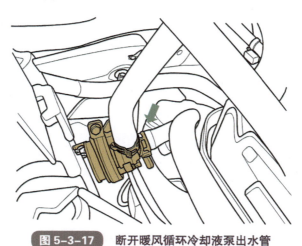

图 5-3-17 断开暖风循环冷却液泵出水管

⑤ 进行冷却系统排气操作。具体操作如下：连接诊断仪，使车辆处于排气状态，如果液位下降应及时补充冷却液，排气过程时长不小于 10min。

⑥ 观察膨胀罐内冷却液液位，若下降应及时补充冷却液，确保冷却液液位处于"F"和"L"之间。

⑦ 拧紧膨胀罐加注盖，使用诊断仪将车辆恢复默认模式。

5.4 冷却系统常见故障诊断与排除

冷却系统常见故障一般为冷却系统工作不良或零部件损坏导致的系统过热。冷却系统过热的症状及检查项目见表 5-4-1。

表 5-4-1 冷却系统过热的症状及检查项目

故障类型	症状	检查项目	
散热不良	冷却液泵故障	冷却液泵	
		冷却液泵供电	
	散热器翅片损坏	尘土或纸屑堵塞	
		机械损伤	
	散热器管带堵塞	异物过多（腐蚀、污物、沙尘等）	
空气流量不足	冷却风扇不工作	散热器风扇总成	
	风扇转动阻力大		
	风扇叶片损坏		
集风罩损坏			
冷却液型号不正确			
冷却液质量差		冷却液粘稠	
冷却液不足	冷却液泄漏	冷却液软管	卡箍松动
			软管破裂
		冷却液泵	密封不良
		散热器盖	松动
			密封不良
		散热器总成	冷却液排放口O形圈损坏、老化或安装不正确
			温度传感器接口破损
			散热器总成破裂
		膨胀罐	膨胀罐破损
空气流通不畅	保险杠通风口堵塞	清理通风口	
	冷凝器堵塞	清理冷凝器	

第 6 章 充电系统

Chapter 6

- 6.1 新能源汽车充电形式 　　180
- 6.2 新能源汽车充电系统组成 　　181
- 6.3 常见新能源汽车充电系统 　　188
- 6.4 新能源汽车充电系统零部件更换 　　199
- 6.5 新能源汽车充电系统常见故障诊断与排除 　　203

6.1 新能源汽车充电形式

纯电动汽车、插电式混合动力汽车的充电过程相当于传动动力汽车的加油过程。充电时，电动汽车内部和外部都需要组件。在车辆中需要一个充电接口和一个用于电压转换的功率控制装置。在车辆外，除了交流电源和充电电缆还需要一个执行保护和控制任务的设备。在标准和开发中称该设备为电动汽车供电设备 EVSE。

新能源汽车动力电池充电的形式主要有快速充电（直流快充）和常规充电（交流慢充）。直流快充和交流慢充形式的区别是：

① 直流充电（快充）主要是通过充电站的充电桩将直流高压电直接通过直流充电口给动力电池充电。

② 交流充电（慢充）主要是通过家用电源插头和交流充电桩接入交流充电口，通过车载充电器将 220V 交流电转为 330V 直流电（比亚迪 e6 为例）给动力电池进行充电。

6.1.1 直流快充

常规蓄电池的充电方法一般时间较长，给实际使用带来诸多不便。快速充电电池的出现，为提高车辆实际续驶里程提供了便利的条件。快速充电又称直流快充或应急充电，是以较大直流电流在电动汽车停车的 20min~2h 的短时间内，为其提供充电服务，一般充电电流为 150~400A。

由于受电池技术影响，目前电动汽车使用最多的就是锂电池。锂元素是比钠还要活跃的金属元素之一，快充易使锂元素太过活跃，从而使电池中的电解液发生沉淀，产生气泡现象，也就是平常人们所看到的电池身上易凸起"小包"，摸上去有手感发热等情况，严重的会导致电池爆炸等安全事故。因此，充电电流不宜过大。

电动汽车充电快慢与充电器功率、电池充电特性和温度等紧密相关。在当前电池技术水平下，即使快充也需要 30min 才能充电到电池容量的 80%，超过 80% 时，为保护电池安全，充电电流必须变小，因此充到 100% 的时间将较长。

6.1.2 交流慢充

常规充电电流相当低，约为 15A，也称为交流慢充或慢速充电。常规蓄电池的充电方法都采用小电流的恒压或恒流充电，一般充电时间为 5~8h，甚至长达 10~20h。这种充电方式是利用车载充电机，接 220V 交流电即可。

常规慢充方式的适用情况主要有：

① 用户对电动汽车的行驶里程要求相对较低，车辆行驶里程能满足用户 1 天的使用需要，利用晚间停运时间可以完成充电。

② 由于常规慢充充电电流和充电功率比较小，因此在居民区、停车场和公共充电站都可以进行充电。

③ 规模较大的集中充电站，能够同时为多辆电动汽车提供停车场地并进行充电。

常规充电模式的优点如下：

1）尽管充电时间较长，但因为所用功率和电流的额定值并不是关键问题，因此，充电器价格和安装成本比较低。

2）可充分利用电力低谷时段进行充电，降低充电成本。

3）可提高充电效率和延长电池的使用寿命。与快速充电相反，常规充电的充电电流小，有利于提高充电效率和延长电池的使用寿命。

常规充电模式的主要缺点为充电时间过长，难以满足车辆紧急运行的需求。

6.1.3 动力电池更换（换电）

目前，无论是直流快充还是交流慢充还都无法完全满足特定车型或行业电动汽车的需求，如电动出租车、电动物流车等。北汽 EU260 换电版车型更换一块满电电池仅需要 3min 左右，比汽车加油还快，不仅可以提高运营效率，还可以实现出租车的双班运营，提高出租车公司的效益。

直接更换电动汽车的电池组时需要考虑的是：由于电池组质量较大，更换时的专业化要求较高，故需配备专业人员借助专业机械来快速完成电池的更换、充电和维护。

采用这种模式，具有如下优点：

1）电动汽车用户可租用充满电的蓄电池，更换需要充电的蓄电池，有利于提高车辆使用效率，也提高了用户使用的方便性和快捷性。

2）对更换下来的蓄电池，可以利用低谷时段进行充电，降低了充电成本，提高了车辆运行经济性。

3）解决了充电时间乃至蓄存电荷量、电池质量、续驶里程不足及价格高等难题。

4）可以及时发现电池组中单元电池的故障，对于电池的维护工作具有积极意义。电池组放电深度的降低也将有利于提高电池的寿命。

6.2 新能源汽车充电系统组成

6.2.1 充电接口

电动汽车充电接口是指通过活动电缆与充电外部设备和电动汽车相连接的充电部件，包括充电插头和充电座两部分。国标《电动汽车传导充电用连接装置》（GB/T 20234—2015）第 2、第 3 部分规定了交直流充电接口的形状及端子定义等。在我国境内销售的电动汽车和插电式混合动力汽车充电接口都按照此标准设计开发。

新能源汽车充电系统

1. 交流充电口

根据国标 GB/T 20234.2—2015《电动汽车传导充电用连接装置 第 2 部分:交流充电接口》规定，电动汽车传导充电用交流充电接口，其额定电压不超过 440V（AC），频率 50Hz，额定电流不超过 63A（AC）。

标准规定，在国内生产和销售的电动汽车车辆接口和充电接口分别包含 7 对触点，其电气参数值及功能定义见表 6-2-1。

表 6-2-1　交流充电接口参数值及功能定义

触点编号／标识	额定电压和额定电流	功能定义
1—（L1）	250V，10A/16A/32A	交流电源（单相）
	440V，16A/32A/63A	交流电源（三相）
2—（L2）	440V，16A/32A/63A	交流电源（三相）
3—（L3）	440V，16A/32A/63A	交流电源（三相）
4—（N）	250V，10A/16A/32A	中线（单相）
	440V，16A/32A/63A	中线（三相）
5—（接地）	—	保护接地（PE），连接供电设备地线和车辆车身地线
6—（CC）	0~30V，2A	充电连接确认
7—（CP）	0~30V，2A	控制导引

充电插头（充电线束端）和充电插座（车辆端）如图 6-2-1 所示。

在交流充电过程中，首先连接保护接地端子，最后连接控制确认端子。在脱开过程中，首先断开控制确认端子，最后断开保护接地端子。交流充电连接如图 6-2-2 所示。

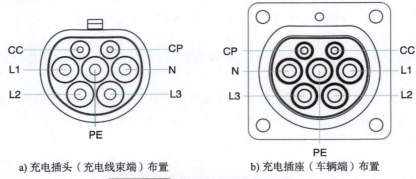

a）充电插头（充电线束端）布置　　　b）充电插座（车辆端）布置

图 6-2-1　交流充电插头和插座布置

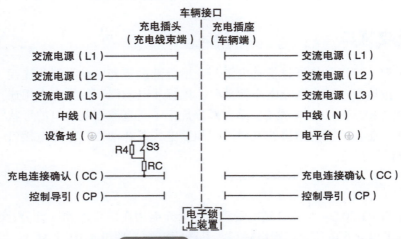

图 6-2-2　交流充电连接图

2. 直流充电口

根据国标 GB/T 20234.3—2015《电动汽车传导充电用连接装置 第 3 部分:直流充电接口》规定，电动汽车传导用直流充电接口额定电压不超过 1000V（DC），额定电流不超过 250A（DC）。

标准规定，直流充电接口的充电插头和充电插座分别包含 9 对触点，其电气参数值及功能定义见表 6-2-2。

表 6-2-2　直流充电接口参数值及功能定义

触点编号 / 标识	额定电压和额定电流	功能定义
1—（DC+）	750V/1000V，80A/125A/200A/250A	直流电源正极，连接直流电源正极与动力电池正极
2—（DC-）	750V/1000V，80A/125A/200A/250A	直流电源负极，连接直流电源负极与动力电池负极
3—（接地）	—	保护接地（PE），连接供电设备地线和车辆电平台
4—（S+）	0~30V，2A	充电通信 CAN_H，连接非车载充电机与电动汽车的通信线
5—（S-）	0~30V，2A	充电通信 CAN_L，连接非车载充电机与电动汽车的通信线
6—（CC1）	0~30V，2A	充电连接确认 1
7—（CC2）	0~30V，2A	充电连接确认 2
8—（A+）	0~30V，20A	低压辅助电源正极，连接非车载充电机为电动汽车提供的低压辅助电源
9—（A-）	0~30V，20A	低压辅助电源负极，连接非车载充电机为电动汽车提供的低压辅助电源

充电插头（充电线束端）和充电插座（车辆端）布置如图 6-2-3 所示。

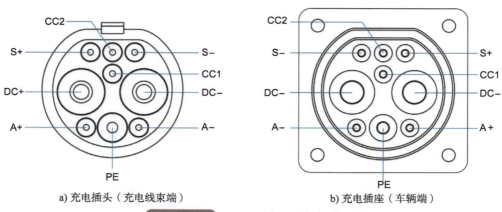

a) 充电插头（充电线束端）　　b) 充电插座（车辆端）

图 6-2-3　直流充电插头和插座布置

充电插头和插座在连接过程中触头耦合的顺序为：保护接地、直流电源正、直流电源负、车辆端连接确认、低压辅助电源正与低压辅助电源负、充电通信与供电端连接确认；在脱开的过程中则顺序相反。直流充电接口的连接界面如图 6-2-4 所示。

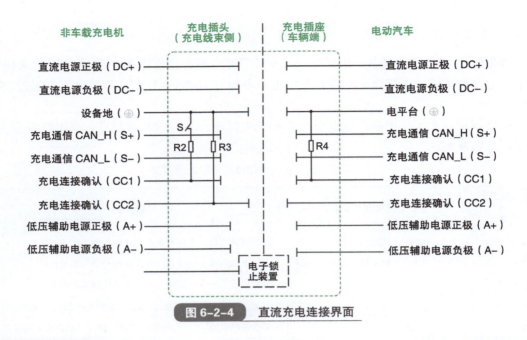

图 6-2-4 直流充电连接界面

6.2.2 车载充电机

车载充电机是指将民用电网提供的交流电转化为动力电池所需要的直流电的装置,即 AC-DC 变换器。车载充电机通常使用结构简单、控制方便的接触式充电机。车载充电机负责与交流电网建立连接并满足车辆充电的安全需要,另外还通过控制导线与车辆进行通信。这样可以安全启动充电过程,并在车辆与车载充电机之间交换充电参数,如做大电流强度等。

帝豪 EV450 车载充电机安装在机舱内,如图 6-2-5 所示。车载充电机参数见表 6-2-3。

图 6-2-5 车载充电机安装位置

表 6-2-3　车载充电机技术参数

项目	参数	单位
输入电压	90~264	V
输入频率	50×（1±2%）	Hz
最大输入电流	16	A
输出电压	直流 200~450	V
输出最大功率	3.3	kW
输出最大电流	直流 12	A
效率	≥90%	—
质量	6	kg
工作温度	−40~80	℃
冷却方式	水冷	—

比亚迪 e5 车载充电机与电机控制器、DC–DC 变换器及高压配电箱封装在一起，组成高压电控箱。车载充电机如图 6-2-6 所示，作用是将交流充电口传递过来的 220V/50Hz 的交流电转换为直流高压电为动力电池充电。比亚迪 e5 车型充电时 3.3kW 及以内的单相交流充电通过车载充电机进行，而功率大于 3.3kW 的交流充电（含单相和三相交流电）通过 VTOG 进行，小功率充电时车载充电机的效率要高于 VTOG。

荣威 eRX5 车载充电机与动力电池相连接，安装在前储物盒左侧下方。家用 220V 交流电源通过交流充电口、车载充电机给动力电池补充电能。

荣威 eRX5 车载充电机功能如下：

① 提供与电池管理系统之间的 CAN 通信。

图 6-2-6　比亚迪 e5 车载充电机

② 基于电池管理系统的需求，在最大功率范围内为高压电池组充电。

③ 高压安全：提供输出反接保护、高压端口残压控制、故障自关断功能。

④ 热管理：以水冷方式进行冷却。

宝马 X1（F49 PHEV）插电混动车型中的车载充电机称为便携充电电子装置（KLE），如图 6-2-7 所示。车载充电机建立了电动汽车和充电站之间的沟通，其控制单元通过终端

30F 供给电压。连接充电时,车载充电机同样唤醒动力电池需要的汽车电气系统中的部分控制单元。车载充电机将交流充电电压转换成直流电压,转换效率为 95%,并传送至电机电子装置(EME),电机电子装置对高压蓄电池单元进行充电。在 90% 的充电效率条件下(同时取决于温度条件),充电功率在最大 3.7kW(AC)时,可以为动力电池输送 3.5kW 的直流充电功率。车载充电机同时还具备高压分配的功能,为电气加热装置和电动空调压缩机供电。

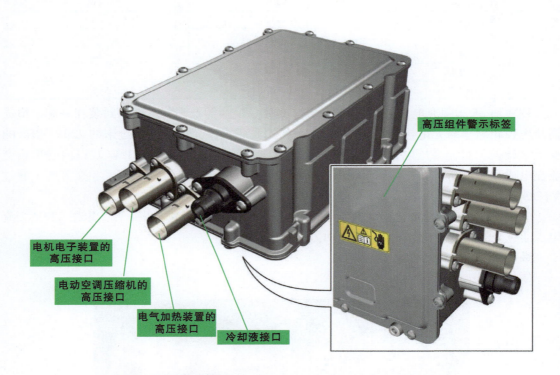

图 6-2-7　宝马 X1(F49 PHEV)车载充电机

　　宝马 X1(F49 PHEV)中装配的车载充电机与宝马 X5(F15 PHEV)、宝马 530Le(F18 PHEV)上的规格相同,控制软件有所区别。

　　北汽 EV200 的车载充电机安装在机舱中,如图 6-2-8 所示。车载充电机输入交流电压 220V×(1±15%),输出直流电压 240~410V,转换效率大于 90%,采用风冷冷却方式。车载充电机工作流程如下:

　　交流供电→→低压唤醒整车控制系统→→动力电池控制器(BMS)给车载供电机发送工作指令闭合继电器→→车载供电机开始工作,进行充电→→动力电池控制器(BMS)检测到充电完成,给车载充电机发送停止充电指令→→车载充电机停止工作→→动力电池断开继电器,充电结束。

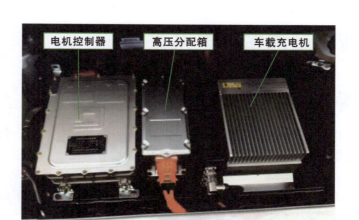

图 6-2-8　北汽 EV200 车载充电机安装位置

途观 L PHEV 车载充电机 AX4 安装在发动机舱内，其主要任务是将加载的交流电转变为直流电为动力电池 AX2 充电，为了便于控制，车载充电机集成了动力电池充电器控制单元 J1050。车载充电机 AX4 的外观如图 6-2-9 所示，技术参数见表 6-2-4。

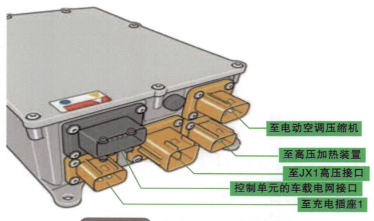

图 6-2-9　途观 L PHEV 车载充电机

表 6-2-4　途观 L PHEV 车载充电机 AX4 技术参数

输入电压 /V	100~240
最大输入电流 /A	16
直流输出电压 /V	220~450
最大输出电流 /A	12
效率（%）	90
重量 /kg	5.8
冷却方式	水冷

6.3 常见新能源汽车充电系统

6.3.1 吉利新能源汽车

吉利帝豪 EV300/EV350/EV450 充电系统从功能上分为快充、慢充、低压充电和制动能量回收四项。快充系统由直流充电口（带高压线束）、动力电池组成；慢充系统由交流充电口（带高压线束）、车载充电机、动力电池等组成。车载充电机、交流充电口、直流充电口及高压线束如图 6-2-5 所示。充电系统组成原理框图如图 6-3-1 所示，车载充电机低压线束插接器及端子定义见表 6-3-1 所示。

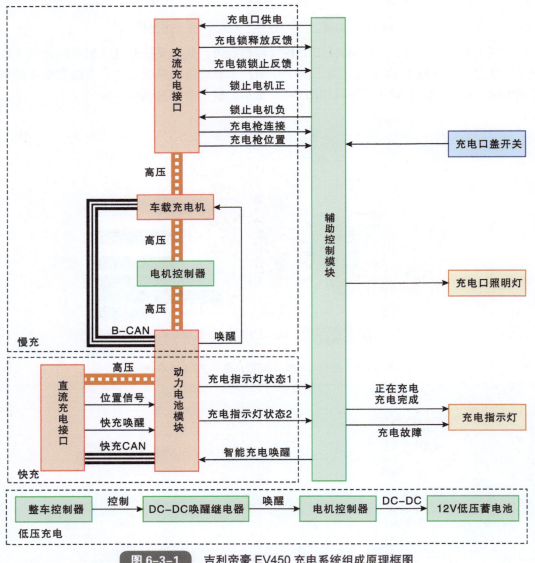

图 6-3-1　吉利帝豪 EV450 充电系统组成原理框图

表 6-3-1　车载充电机低压线束插接器及端子定义

BV10 车载充电机低压线束插接器

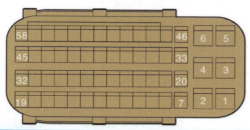

端子号	端子定义	颜色	端子状态	端子号	端子定义	颜色	端子状态
4	KL30	R		41	对应灯具 2 脚	P/B	
6	接地	B		44	电子锁正极	W/L	
17	充电口温度检测接地	B/W		47	对应灯具 3 脚	L	
19	唤醒	0.5Y/B	慢充唤醒信号	49	对应灯具 4 脚	O/G	
26	高压互锁输入	W		50	CP 信号检测	V/B	
27	高压互锁输出	Br/B		50	CP 信号检测	V/B	
30	电子锁状态	W/R		54	CAN_L	L/B	
34	充电口温度检测	B/Y		55	CAN_H	Gr/O	
39	CC 信号检测	O		57	电子锁负极	W/B	

注：端子号 1~3、5、7~16、18、20~25、28~29、31~33、35~38、40、42、43、45、46、48、51~53、56、58 为空。

吉利帝豪 GSe 电动汽车充电系统从类型上可分为外部充电系统和内部充电系统。其中外接充电系统包括直流快充充电系统和交流慢充充电系统。内部充电系统包括低压电源充电、智能充电及制动能量回馈。

吉利帝豪 GSe 外部充电系统由车载充电机、交流充电口、直流充电口、高压导线等组成，如图 6-3-2 所示，充电系统组成原理框图如图 6-3-3 所示。交流充电口安装在车身右前侧；直流充电口安装在车身左后侧。充电时，根据选择的充电类型，连接交流充电插头或直流充电插头到相应的充电插座，连接正确后开始充电。充电口连接后形成回路，当出现连接故障时，系统可以检测该故障。

图 6-3-2　吉利帝豪 GSe 外部充电系统组成

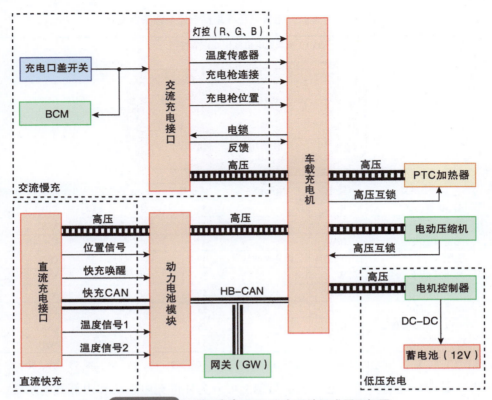

图 6-3-3　吉利帝豪 GSe 充电系统组成原理框图

车载充电机低压线束插接器及端子定义见表 6-3-2。

表 6-3-2　车载充电机低压线束插接器及端子定义

BV10 充电机控制器线束插接器

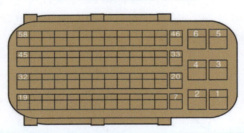

端子号	线色	端子说明	端子号	线色	端子说明
4	R/L	蓄电池电源	41	L/Y	对应灯具 2 脚
6	B	接地	44	Y/G	电子锁正极
17	W/G	充电口温度检测接地	47	O/L	对应灯具 3 脚
26	W/O	高压互锁输入	49	B/G	对应灯具 4 脚
27	W/P	高压互锁输出	50	O	交流充电控制输出
30	Br/W	电子锁状态	54	G/V	接总线低
34	W/P	充电口温度检测	55	Y/V	接总线高
39	Y/R	CC 信号检测	57	Y/R	电子锁负极

注：端子号 1~3、5、7~16、18~25、28、29、31~33、35~38、40、42、43、45、46、48、51~53、56、58 为空。

6.3.2 北汽新能源汽车

北汽 EV200 车系充电系统包括交流慢充充电系统和直流快充充电系统。交流慢充充电系统由交流充电接口、车载充电机、高压配电箱、动力电池、整车控制器、交流慢充线束等组成，如图 6-3-4 所示。

直流快充充电系统由快充充电接口、高压配电箱、动力电池以及快充线束等组成，如图 6-3-5 所示。

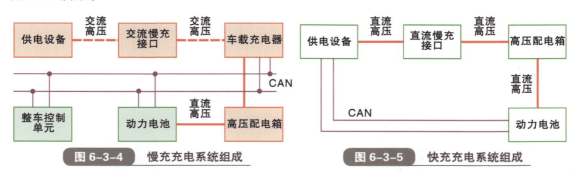

图 6-3-4　慢充充电系统组成　　　　图 6-3-5　快充充电系统组成

连接快充充电接口到高压配电箱之间的线束及插接器如图 6-3-6 所示。

图 6-3-6　快充充电线束及插接器

连接慢充充电接口与车载充电机之间的线束及插接器如图 6-3-7 所示。

图 6-3-7 慢充充电线束及插接器

6.3.3 江淮新能源汽车

江淮 iEV6 电动汽车充电系统由直流充电口、车载充电机、交流充电口、充电指示灯等组成，如图 6-3-8 所示。

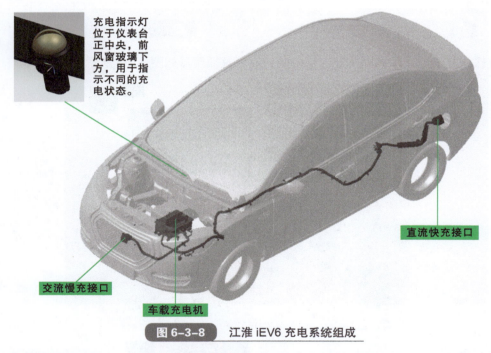

图 6-3-8 江淮 iEV6 充电系统组成

交流慢充充电接口安装在车辆 LOGO 处，直流快充充电口安装在车身左后侧。充电时，根据选择的充电类型，连接交流充电枪或者直流充电枪到相应的充电接口，连接正确后开始充电。充电口连接后形成检测回路，当出现连接故障时，整车控制单元（VCU）可以检测该故障。

车载充电机将外部交流电转换成直流电给动力电池充电。充电时，车载充电机根据 VCU 的指令确定充电模式。车载充电机内部有滤波装置，可以抑制交流电网波动对车载充电机的干扰。

车载充电机应用 Inrush 电流限制电路以及 EMI 滤波电路，防止交流电网波动对设备的冲击以及抑制交流电网中的高频干扰对设备的影响；整流电路将交流电转化为直流电；PFC（功率因数校正电路）是一个功率因数提高电路，提高交流电转换为直流电的效率。直流电通过全桥转换隔离电路转换后输出给动力电池。车载充电机工作原理如图 6-3-9 所示。

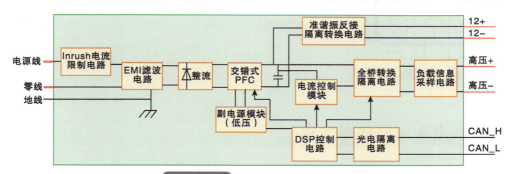

图 6-3-9　车载充电机工作原理

江淮 iEV6 充电系统原理架构图如图 6-3-10 所示。充电时动力电池唤醒车身控制单元（VCU）控制充电机进行交流高压充电。高压直流充电时车载充电机不工作，整车控制单元（VCU）与安装于动力电池内部的动力电池控制器配合，直流高压电直接通过高压配电箱为动力电池充电。动力电池控制器检测到动力电池已充满，通过 CAN 总线与整车控制单元通信，整车控制单元控制车载充电机关闭，停止充电。

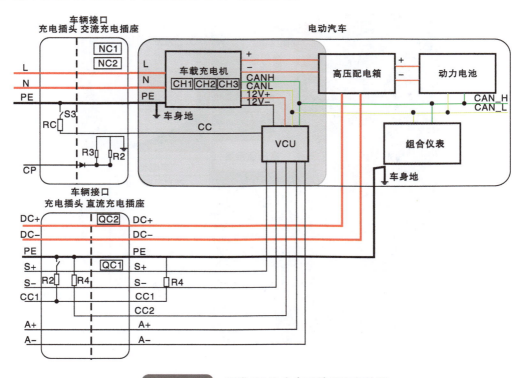

图 6-3-10　江淮 iEV6 充电系统原理架构图

车载充电机低压插接器端子及定义见表 6-3-3。

表 6-3-3　车载充电机低压插接器端子及定义

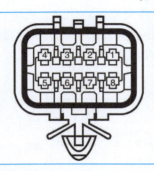

端子号	线径 /mm²	信号名称
1	0.5	NC1(备用触头 1)
2	0.5	NC2(备用触头 2)
3	0.5	NC3（备用触头 3）
4	0.5	NC4（备用触头 4）
5	0.5	GND
6	0.5	12V+
7	0.5	CAN_L
8	0.5	CAN_H

6.3.4　广汽传祺新能源汽车

1. 广汽传祺 GA3S PHEV/GS4 PHEV 插电混动车型

广汽传祺 GA3S PHEV/GS4 PHEV 配备最大输出功率 3.3kW 的车载充电机，使用标准充电桩或者家庭 220V 电源进行充电，备用充电线束会自动根据允许电流值选择充电功率曲线进行充电，约 5~6h 可充满电量。车载充电机安装在车辆左前部，采用水冷却方式，如图 6-3-11 所示。因 GA3S PHEV/GS4 PHEV 车型无需担心续驶里程，所以两款车型仅配备交流慢充充电系统。

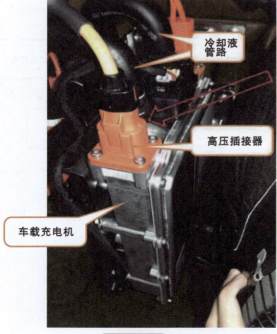

车载充电机技术参数		
项目	单位	数值
输出电压	V	170~410
最大输出功率	kW	3.3
效率	—	95%
最大输出电流	A	12
质量	kg	4.2
冷却方式	液冷	—

图 6-3-11　车载充电机安装位置及技术参数

车载充电机包括主功率电路和弱电控制电路两部分。主功率部分包括 EMI 滤波、软启动、功率因数校正变换器、DC-DC 变换器及负载；弱电控制部分包括弱电辅助电源、功率因数控制电路、DC-DC 变换器控制电路及通信模块。其中功率因数校正控制电路由电压电流检测电路、驱动及保护电路和控制器组成，DC-DC 变换器控制电路由电流电压检测电路和驱动保护电路组成。车载充电机通过 AC-DC 和 DC-DC 变换器将电网的交流电转换为满足动力电池充电要求的直流电。

GA3S PHEV/GS4 PHEV 充电系统电路图如图 6-3-12 所示。

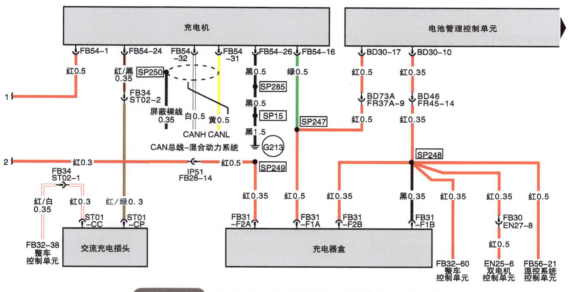

图 6-3-12　GA3S PHEV/GS4 PHEV 充电系统电路图

2. 广汽传祺 GE3

广汽传祺 GE3 充电系统由车载充电机、直流快充充电接口、直流快充线束、交流慢充充电接口、交流慢充线束等组成，如图 6-3-13 所示。

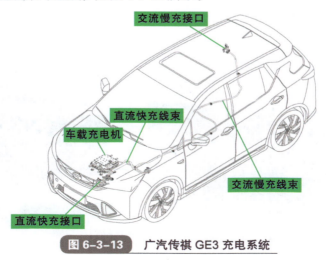

图 6-3-13　广汽传祺 GE3 充电系统

车载充电机的主要功能是通过普通家庭单相交流电（220V）或者交流充电桩取电，将其能量转化为高压直流给动力高压电池进行充电；支持高功率等级，最大 6.6kW 输出能力。家用充满仅需 8h；快速充电，30min 即可充至 80%，60min 即可充满。

充电机散热系统与电机控制器、驱动电机、DC-DC 变换器共用一个散热系统。散热系统采用液冷方式：利用冷却液吸热、散热原理将充电机散发的热量传递给冷却液，再通过电动水泵的反复循环将冷却液传递到散热器内；当系统检测到温度较低时电子风扇不起动，利用散热器大面积的散热片进行自然散热；当系统检测到充电机温度过高时，起动电子风扇，加速散热器周围的空气循环，将其快速冷却。

6.3.5 比亚迪新能源汽车

比亚迪 e5、秦 EV 充电系统示意图如图 6-3-14 所示。车载充电机安装在高压电控总成内部。交流慢充充电主要是通过交流充电桩、壁挂式充电盒以及家用供电插座接入交流充电口，通过高压电控总成将交流电转为直流高压电给动力电池充电；直流快充充电主要是通过充电站的充电柜将直流高压电直接通过直流充电口给动力电池充电。

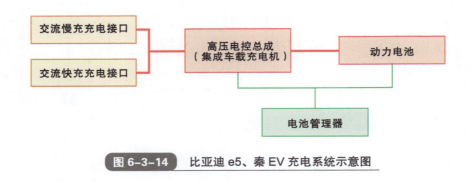

图 6-3-14　比亚迪 e5、秦 EV 充电系统示意图

比亚迪交流慢充充电口和直流快充充电口均安装在车辆前部中央格栅后面，如图 6-3-15 所示，充电接口安装有照明灯。

图 6-3-15　比亚迪 e5 充电接口位置图

6.3.6 长安新能源汽车

长安 CS15EV、逸动 PHEV 车型交流慢充充电系统由交流慢充充电接口、车载充电机、交流慢充充电线束等组成。逸动 PHEV 车型只配备了交流慢充充电系统。CS15EV、逸动 PHEV 车载充电机型号相同，外观如图 6-3-16 所示。车载充电机低压插接器端子及定义见表 6-3-4。

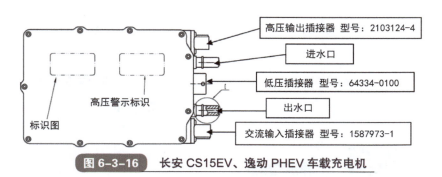

图 6-3-16　长安 CS15EV、逸动 PHEV 车载充电机

表 6-3-4　车载充电机低压插接器端子及定义

端子	定义	端子	定义
1E	指示灯输出 /LED（12V，50mA）	4A	CAN 高 /HS_CAN_H
1F	指示灯输出 /LED（12V，50mA）	4B	CAN 低 /HS_CAN_L
1H	低压输入正 /KL30（+12V，1A）	4C	高压互锁 /HVIL+
2A	硬线唤醒输出	4D	高压互锁 /HVIL-
2F	指示灯输出地 /LED_GND	4G	低压输入负 /KL31_GND
3A	控制导引信号 /CP		1A/1B/1C/1D/1G/2B/2C/2D/2E/2G/2H/3B/3C/3D/3E/3F/3G/3H/4E/4F/4H 空

6.3.7 长城新能源汽车

长城 C30EV 充电系统主要由车载充电机总成、直流充电高压线、交流慢充线束总成、交流充电接口总成、直流充电接口总成五部分组成，如图 6-3-17 所示，其主要功能是给动

力电池充电。充电系统简图如图 6-3-18 所示。

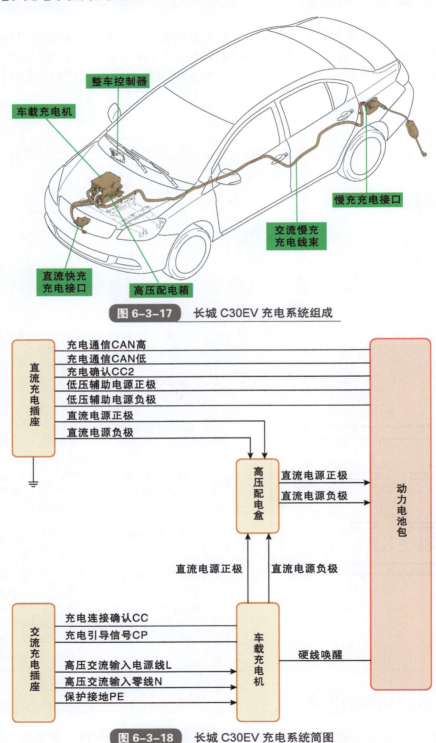

图 6-3-17　长城 C30EV 充电系统组成

图 6-3-18　长城 C30EV 充电系统简图

车载充电机低压线束插接器端子及定义见表 6-3-5。

表 6-3-5　车载充电机低压插接器端子及定义

端子号	功能	端子号	功能
C1	接 12V 电源 +	C13	交流充电枪电子锁驱动端口 1（预留）
C2	接地	C14	交流充电枪电子锁驱动端口 2（预留）
C3	CAN 高	C15	交流充电枪电子锁锁定反馈信号（预留）
C4	CAN 低	C16	交流充电枪电子锁锁定反馈信号接地（预留）
C7	输出唤醒	C17	交流充电枪电子锁锁定反馈信号（预留）
C8	充电连接确认 CC	C18	交流充电枪电子锁锁定反馈信号接地（预留）
C9	充电引导信号 CP	C19	12V 输入唤醒（预留）
C10	LED 显示 1（预留）	C22	高压互锁信号输入
C11	LED 显示 2（预留）	C23	高压互锁信号输出
C12	LED 显示 3（预留）	C5/C6/C20/C21/C24~C28 空	

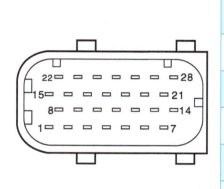

6.4　新能源汽车充电系统零部件更换

6.4.1　直流充电插座的更换

① 打开机舱盖，断开蓄电池负极电缆并等待至少 5min。

② 向上推动图 6-4-1 箭头所示的直流母线插接器卡扣保险，并断开直流母线连接充电机端的插接器。

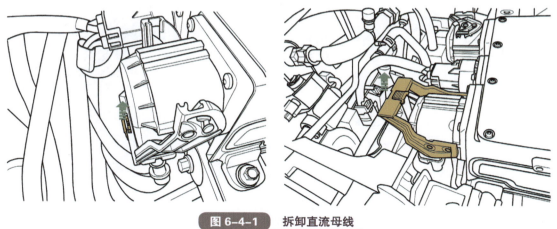

图 6-4-1　拆卸直流母线

> **注意**:拆卸前直流母线时佩戴绝缘手套,拆卸后使用万用表测量直流母线段正负极电压,只有低于1V,才能进行下面的操作。

③ 在举升机工位拆卸左后轮及左后轮罩衬板。

④ 举升车辆,断开图6-4-2所示的动力电池上的直流充电高压线束插接器。

⑤ 拆卸图6-4-3中的直流充电高压线束支架固定螺栓和螺母,脱开直流充电高压线束支架。

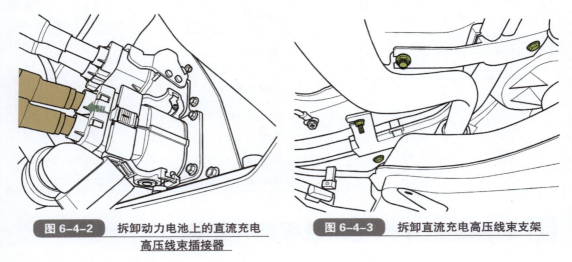

图6-4-2 拆卸动力电池上的直流充电高压线束插接器　　图6-4-3 拆卸直流充电高压线束支架

⑥ 先脱开图6-4-4中的直流充电高压线束固定线卡1,再拆卸动力电池左防撞梁螺栓2,最后脱开直流充电高压线束固定线卡3。

⑦ 脱开图6-4-5所示的直流充电高压线束4个固定线卡。

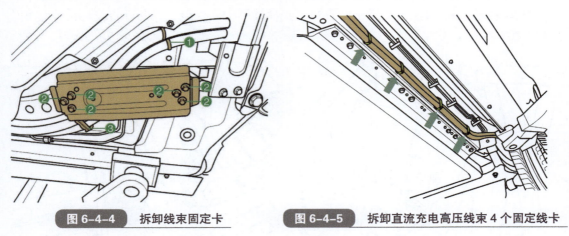

图6-4-4 拆卸线束固定卡　　图6-4-5 拆卸直流充电高压线束4个固定线卡

⑧ 先脱开图6-4-6所示的直流充电高压线束固定卡1,再拆卸直流充电高压线束支架固定螺栓2。

⑨ 在左后轮罩内，先脱开图6-4-7中的直流充电高压线束固定线卡1，再拆卸直流充电插座接地线束固定螺栓2，脱开接地线束，最后断开直流充电插座线束插接器3。

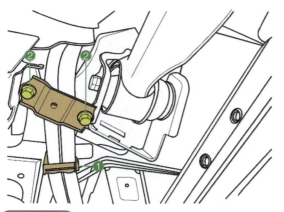

图6-4-6　拆卸直流充电高压线束固定卡和支架

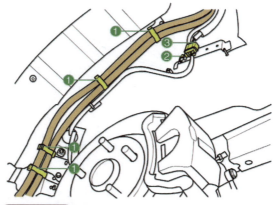

图6-4-7　拆卸左后轮罩内线束插接器及固定卡

⑩ 拆卸直流充电插座4个固定螺栓，取出直流充电插座总成。

安装时按照与拆卸相反的顺序进行。

6.4.2　交流充电插座的更换

吉利帝豪EV450交流充电插座安装在左前轮上方翼子板上。拆卸步骤如下：

① 打开机舱盖，断开蓄电池负极电缆并等待至少5min。

② 参照6.4.1节的步骤②拆卸车载充电机的直流母线。

③ 在举升机工位拆卸左前轮及左前轮罩衬板。

④ 在机舱内先断开图6-4-8所示的车载充电机上的交流充电高压线束插接器1，再脱开交流充电高压线束插接器卡扣2。

⑤ 在机舱左侧断开图6-4-9所示的交流充电高压线束卡扣。

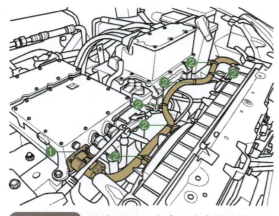

图6-4-8　拆卸交流充电高压线束插接器卡扣

图6-4-9　拆卸高压线束卡扣

⑥ 继续在机舱左侧断开图6-4-10a中箭头所示的交流充电高压线束卡扣，并断开交流充

电机锁止拉线卡扣；再断开图 6-4-10b 中箭头所示的交流充电机解锁拉线卡扣。

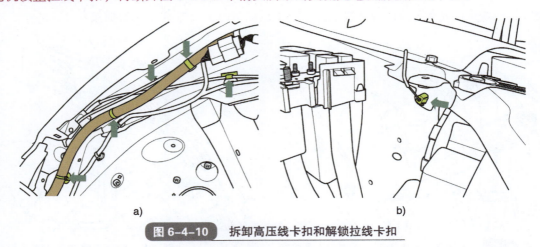

图 6-4-10　拆卸高压线卡扣和解锁拉线卡扣

⑦ 如图 6-4-11 所示，在左前轮罩衬板处，先断开交流充电插座线束插接器 1，再断开交流充电插座口盖线束插接器 2，最后断开交流充电插座线束插接器 3。

⑧ 如图 6-4-12 所示，先拆卸交流充电口盖螺钉，再撬起交流充电口盖卡扣，取出交流充电插座口盖。

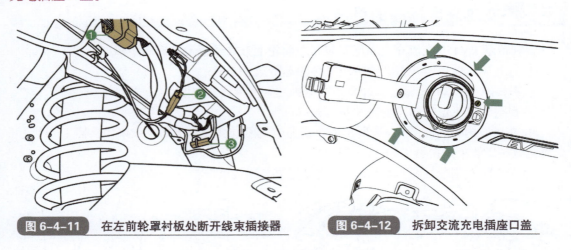

图 6-4-11　在左前轮罩衬板处断开线束插接器

图 6-4-12　拆卸交流充电插座口盖

⑨ 如图 6-4-13 所示，拆卸交流充电插座固定螺栓，取出交流充电插座总成。

安装时按照与拆卸相反的顺序进行，插接器连接时应遵循"一插、二响、三确认"原则。

6.4.3　车载充电机冷却液管路的更换

车载充电机安装在机舱中，拆卸或安装冷却液管路环箍时应使用专用环箍钳。冷却液管路脱开前应先在车底放置容器，接住冷却液。车载充电机冷却液管路更换步骤如下：

① 打开机舱盖。

② 断开图 6-4-14 所示的车载充电机与驱动电机控制器冷却液管路。

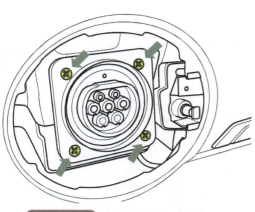

图 6-4-13 拆卸交流充电插座总成

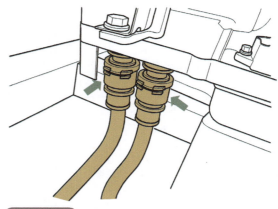

图 6-4-14 拆卸充电机与电机控制器冷却液管路

③ 使用环箍钳松开图 6-4-15 箭头所示的车载充电机冷却液管环箍，断开车载充电机冷却液管路。

④ 使用环箍钳松开图 6-1-16 所示的车载充电机冷却液管环箍，取下车载充电机冷却液管。

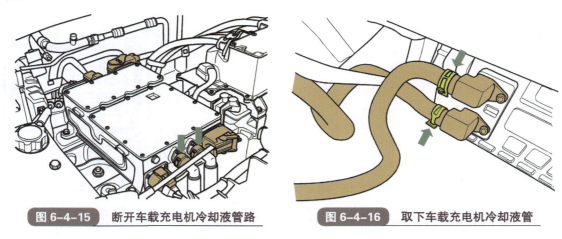

图 6-4-15 断开车载充电机冷却液管路

图 6-4-16 取下车载充电机冷却液管

6.5 新能源汽车充电系统常见故障诊断与排除

6.5.1 充电连接和接地电路检查

车载充电系统故障应首先检查车载充电机连接电路和接地电路是否断开，即先排除基本连接和接地故障。江淮 iEV6 充电连接和接地电路检查流程如图 6-5-1 所示，其他车型可参考此检查思路。

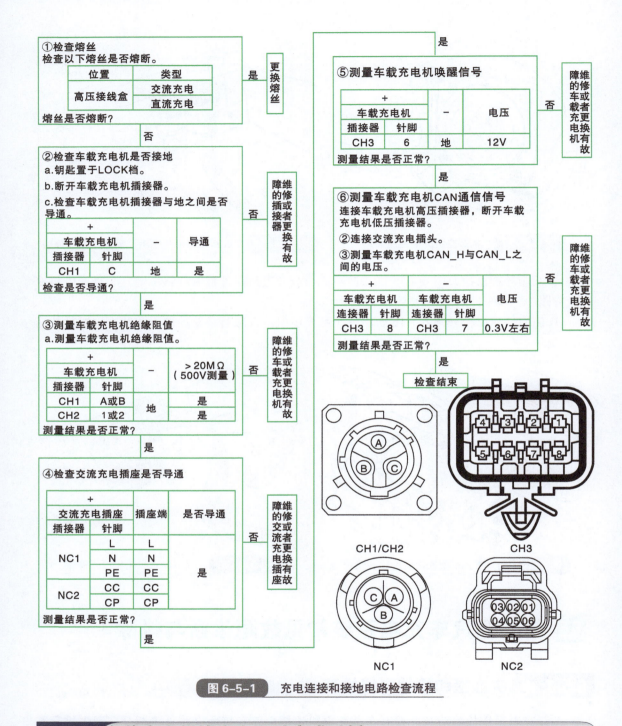

图 6-5-1　充电连接和接地电路检查流程

6.5.2　车载充电机输出电压过高或过低

车载充电机有一定的输出能力,如江淮 iEV6 车型为 200~432V,吉利帝豪 EV450 车型为 200~450V。当车载充电机检测到输出端电压超过其输出能力,车载充电机会自动关闭输出，保护其硬件。同样的，当车载充电机检测到输出端电压低于其输出能力，车载充电机也会自动关闭输出，保护其硬件。因输出电压过高或过低而自动关闭输出的同时还会产生DTC（故障码），保存在电控单元中。DTC因车型不同而不同。DTC检测逻辑见表6-5-1。

表 6-5-1 车载充电机输出电压过高或过低 DTC 检测逻辑

故障名称	DTC 诊断条件	可能导致故障的原因
车载充电机输出电压过高	充电时，车载充电机检测到输出电压大于最高输出电压	①动力电池过电压 ②车载充电机硬件故障
车载充电机输出电压过低	充电时，车载充电机检测到输出电压小于最低输出电压	①动力电池欠电压 ②车载充电机硬件故障

车载充电机输出电压过高故障的排除流程如图6-5-2所示。

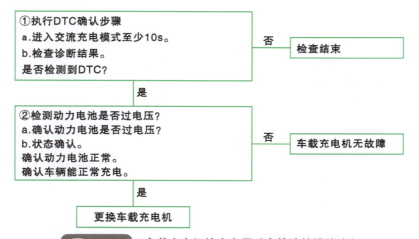

图 6-5-2 车载充电机输出电压过高故障的排除流程

车载充电机输出电压过低故障的排除流程如图6-5-3所示。

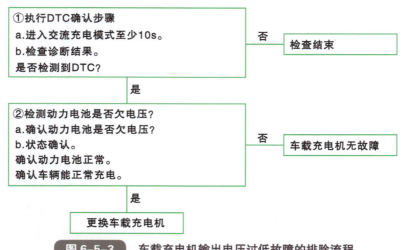

图 6-5-3 车载充电机输出电压过低故障的排除流程

6.5.3 车载充电机过热故障

车载充电机对正常工作的温度有一定的要求，帝豪EV450正常工作温度为 –40~80℃；江淮iEV6正常工作温度为 –20~85℃，超出该温度范围，车载充电机会自动关闭输出，保护其硬件，并生成DTC，存储在控制器内。车载充电机过热故障DTC检测逻辑见表6-5-2。

表6-5-2　车载充电机过热故障DTC检测逻辑

故障名称	DTC诊断条件	可能导致故障的原因
车载充电机过热	充电时，车载充电机检测到自身温度高于允许的最高温度	①冷却液泵不工作 ②冷却液缺少 ③车载充电机自身故障

车载充电机过热故障的诊断与排除流程如图6-5-4所示。

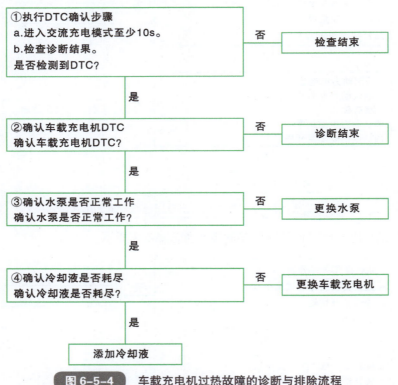

图6-5-4　车载充电机过热故障的诊断与排除流程

6.5.4 车载充电机过电流故障

车载充电机正常工作时，输出电流超过一定值，车载充电机会自动关闭输出，保护其硬件。江淮iEV6车载充电机输出过电流可分为1级故障和2级故障，DTC检测逻辑见表6-5-3。

表 6-5-3　车载充电机过电流故障 DTC 检测逻辑

故障名称	DTC 诊断条件	可能导致故障的原因
车载充电机输出过电流 1 级	充电时，车载充电机检测到 100ms 内输出平均电流大于 12A	①电网波动 ②车载充电机硬件故障
车载充电机输出过电流 2 级	充电时，车载充电机检测到 80μs 内输出平均电流大于 25A	车载充电机硬件故障

车载充电机输出过电流 1 级故障的诊断与排除流程如图 6-5-5 所示。

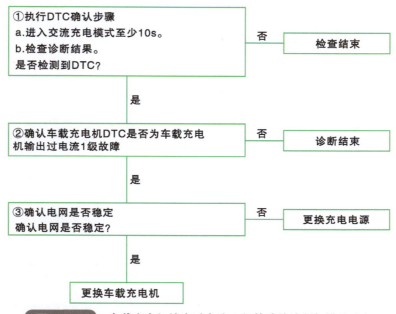

图 6-5-5　车载充电机输出过电流 1 级故障的诊断与排除流程

车载充电机输出过电流 2 级故障的诊断与排除流程如图 6-5-6 所示。

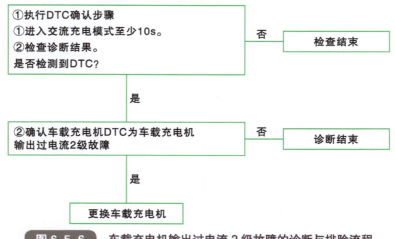

图 6-5-6　车载充电机输出过电流 2 级故障的诊断与排除流程

6.5.5 充电系统故障症状表

充电系统故障症状见表6-5-4。

表6-5-4 充电系统故障症状

症状	检查项目	解决方案
立即充电无法执行	外部充电电源无输出	确认外部电源是否有输出。如果外部电源带有定时装置，在定时范围内外部电源才会有输出
	充电插头连接不正确	确认充电插头连接正确
	充电插接器连接不到位	确认充电插接器连接到位
	车辆处于上电状态	充电前，确认车辆钥匙处于LOCK状态
	交流充电与直流充电均连接	连接交流充电与直流充电中一种即可 注：交流充电与直流充电不能同时进行
	定时开关被设置	按下定时开关
	动力电池满电	无动作 注：如果动力电池已经满电，充电不会进行。如果动力电池已经充满，充电自动停止
	电池温度过高	确认电池温度低于65℃
	12V蓄电池馈电	给12V蓄电池充电
	电动车故障	检查VCU故障码
定时充电无法执行	外部充电电源无输出	确认外部电源是否有输出。如果外部电源带有定时装置，在定时范围内外部电源才会有输出
	充电插头连接不正确	确认充电插头连接正确
	充电接插件连接不到位	确认充电插接器连接到位
	车辆处于上电状态	充电前，确认车辆钥匙处于LOCK状态
	交流充电与直流充电均连接	连接交流充电与直流充电中一种即可 注：交流充电与直流充电不能同时进行
	动力电池满电	无动作 注：如果动力电池已经满电，充电不会进行。如果动力电池已经充满，充电自动停止
	电池温度过高	确认电池温度低于65℃
	12V蓄电池馈电	给12V蓄电池充电
	电动车故障	检查VCU故障码
	设置的充电开始时间在充电结束时间之后	设置正确的充电开始与结束时间
	设置的充电开始时间在当前时间之前	设置充电开始时间在当前时间之后
	设置的充电结束时间在当前时间之前	设置充电结束时间在当前时间之后
	计时器上的日期和时间错误	确认计时器上的日期和时间正确
	没有设置定时充电	按计划设置定时充电

（续）

症状	检查项目	解决方案
远程充电无法执行	外部充电电源无输出	确认外部电源是否有输出。如果外部电源带有定时装置，在定时范围内外部电源才会有输出
	充电插头连接不正确	确认充电插头连接正确
	充电枪连接不到位	确认充电枪连接到位
	车辆处于上电状态	充电前，确认车辆钥匙处于 LOCK 状态
	动力电池满电	无动作 注：如果动力电池已经满电，充电不会进行。如果动力电池已经充满，充电自动停止
	动力电池温度过高	确认电池温度低于 65℃
	12V 蓄电池馈电	给 12V 蓄电池充电
	电动车故障	检查 VCU 故障码
充电中断	外部电源无输出	确认外部电源是否有输出。确认断路器是闭合的。如果外部电源带有定时装置，在定时范围内外部电源才会有输出
	达到定时充电结束时间	执行普通充电 注：当定时充电被设置，达到定时充电结束时间，即使电池没有充满充电将结束
	动力电池温度过高	确认电池温度低于 65℃
	电动车故障	检查 VCU 故障码
直流充电无法执行	充电枪连接不到位	确认充电枪连接到位
	车辆处于上电状态	充电前，确认车辆钥匙处于 LOCK 状态
	动力电池温度过高	确认电池温度低于 65℃
	动力电池满电	无动作 注：如果动力电池已经满电，充电不会进行。如果动力电池已经充满，充电自动停止
	12V 蓄电池亏电	给 12V 蓄电池充电
	电动车故障	检查 VCU 故障码
直流充电中断	交流充电与直流充电均连接	连接交流充电与直流充电中一种即可 注：交流充电与直流充电不能同时进行
	动力电池温度过高	确认电池温度低于 65℃
	电动车故障	检查 VCU 故障码

第 7 章 新能源汽车电气系统

Chapter 7

- 7.1 新能源汽车电路特点   211
- 7.2 新能源汽车电路识读   213
- 7.3 新能源汽车电动空调、暖风系统   223
- 7.4 新能源汽车电动转向系统   227

7.1 新能源汽车电路特点

7.1.1 新能源汽车电路组成

新能源汽车电路与传统汽车电路大致相同，不同点在于新能源汽车实际电路中存在高压，高压部分插接器和导线具有特殊性。

新能源汽车基本电路同样是由电源、熔丝、开关、电器和导线组成。当开关闭合时接通回路，用电器中有电流通过，开始工作，如图7-1-1所示。

新能源汽车上的电路均是从这个基本电路演变而来的，通常是多条电路进行并联或串联。

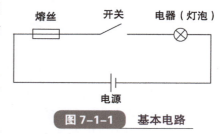

图7-1-1 基本电路

1. 电源

传统汽车采用蓄电池、发电机双电源。发动机停止时汽车用电器采用蓄电池供电，发动机起动后发电机向蓄电池充电（如需要）并向全车用电器供电。而纯电动汽车没有发动机，插电式混动汽车发动机不是实时工作的，因此，新能源汽车由动力电池通过DC-DC变换器为低压蓄电池充电，再由低压蓄电池为低压用电系统供电。

2. 保险

保险装置在电路中起到保护作用。当电路中流过超过规定的电流时切断电路，防止烧坏电路连接导线和用电设备。汽车中的保险装置有熔丝（保险丝）、电路断电器及易熔线等。新能源汽车除了低压系统电路存在保险装置外，高压系统更为严格谨慎地搭载了保护装置，如熔断器、断电器等。

3. 开关

开关包括用于控制用电设备的手动开关和电子开关。手动开关由乘员直接手动操作，电子开关根据需要自动控制。新能源汽车高压系统开关均带有绝缘装置，如手动维修开关，在拆卸高压系统开关时需要佩戴绝缘手套等防护装置。

4. 电器

电器即为用电设备，包括灯泡、各类电动机（如电动座椅、电动车窗、天窗等）、仪表、传感器、执行器、音响等汽车上的所有用电设备。除了上述低压用电器外，新能源汽车上还有高压用电设备，如驱动电机、车载充电机、高压分配箱、动力电池等，在操作或解除这些部件之前，应严格按照操作程序断开高压系统，等待电压下降到安全值之后才能进行。

5. 导线

导线将电源、熔断器、开关、电器等设备连接到一起形成闭合回路。根据用电设备系统不同，导线的线径、颜色也有所不同。新能源汽车低压部分导线与传统汽车相同；高压部分导线采用特殊颜色（橙色）的导线，并且导线的截面积普遍大于低压导线。

7.1.2 新能源汽车电路的基本特点

1. 高压电网与低压电网隔离

新能源汽车上高压电网与低压电网要隔离，可以防止高压设备与汽车接地发生意外短路。高压系统对车身接地断路也称之为电隔离。

为了实现这种隔离，高压设备具有一个专门的电网平衡装置。高压电网与低压电网之间的电隔离可以防止意外短路，致使车身接地通电。

在低压电网中，电路通常通过汽车接地闭合即单线制；而所有高压电网中的高压组件都具有两条导线（驱动电动机为三条线），由这两条导线组成电路，一根为正极导线，一根为负极导线，负极导线与车身接地没有连接。

2. 高压系统为低压蓄电供电源充电

新能源汽车低压系统与传统汽车基本相同。不同的是低压系统供电源即低压蓄电池由高压系统的动力电池通过 DC-DC 将直流高压电变换为直流低压电，为其充电。

高压系统主要为驱动电机、电动压缩机、PTC 加热器提供高压电。

3. 低压系统单线制并联，高压系统双线制并联

单线制是指从电源到用电设备只用一根导线连接，利用车身大架作为接地连通蓄电池负极。新能源汽车的低压系统采用单线制，且所有用电器均为并联。

高压系统用电器采用双线制，与车身接地不连通，保障用电安全。

4. 新能源汽车可通过关闭点火开关断开高压

新能源汽车关闭高压设备，并使动力电池从高压电网断开最简单的方法是关闭点火开关。关闭点火开关的作用是将电路与高压设备的保护继电器断开，并使动力电池与高压电网脱离。高压设备上就没有了电压。但需要注意的是，此时动力电池本身以及连接至保护继电器那一段的高压导线依然有高压电。完全使动力电池断开高压电，需要断开动力电池的手动维修开关。

5. 高压系统存在高压互锁电路

高压互锁电路是一个完全独立的系统，用于确定是否所有的高压组件都正确地连接在高压系统上。高压互锁电路是一个低压系统。

高压互锁电路连接着所有的高压组件，此系统检查连接在互锁电路中的部件的高压插接器是否正确连接。一旦某一高压部分的高压触点断开，保护继电器就会断开，动力电池会从高压电网中脱离。

7.2 新能源汽车电路识读

7.2.1 吉利新能源车系电路图识读

1. 吉利帝豪电路图识读

吉利帝豪 EV450 电路图如图 7-2-1 和图 7-2-2 所示。

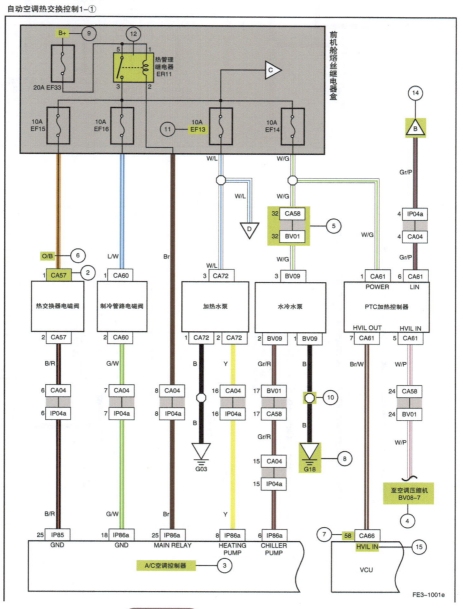

图 7-2-1　吉利帝豪 EV450 电路 1

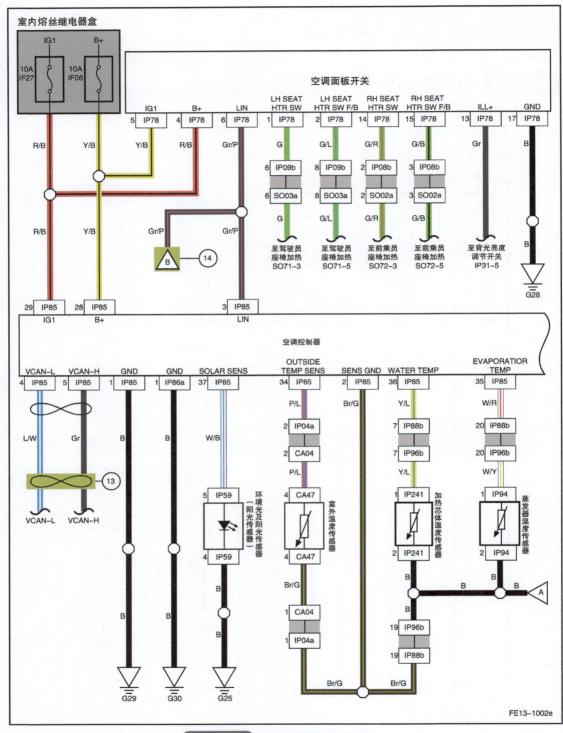

图 7-2-2　吉利帝豪 EV450 电路 2

电路图中各标号释义如下：

① 系统名称。
② 线束插接器编号。

吉利车系电路图的线束连接器的编号规则以线束为基准，例如发动机舱线束中的发动机控制模块线束插接器编号为CA08，其中CA为线束代码，08为插接器序列号。

表7-2-1为各代码代表的线束。

表7-2-1 线束代码及名称

代码	名称	代码	名称
CA	发动机舱线束	SO	底板线束
BV	动力线束	DR	门线束
IP	仪表线束	RF	顶棚线束

注意：
a. 门线束定义包括四个车门线束。
b. 两厢车的后背门线束并入底板线束定义。
c. 三厢车的行李舱线束、后雾灯线束并入底板线束定义。
d. HV AC总成自带线束定义为IPXX，并在线束布置图中进行标注。

③ 部件名称。
④ 显示此电路连接的相关系统信息。
⑤ 插头间连接采用细实线表示，并用灰色阴影覆盖，用于与物理线束进行区别。物理线束用粗实线表示，颜色与实际导线颜色一致。
⑥ 表示导线颜色，颜色代码见表7-2-2。

表7-2-2 颜色代码及颜色示例

颜色代码	导线颜色	示例	颜色代码	导线颜色	示例
B	黑色		O	橙色	
Gr	灰色		W	白色	
Br	棕色		V	紫色	
L	蓝色		P	粉色	
G	绿色		Lg	浅绿色	
R	红色		C	浅蓝色	
Y	黄色				

如果导线为双色线，则第一个字母表示导线底色，第二个字母表示条纹色，中间用"/"分隔。

例如：标注为G/B的导线即为绿色底黑色条纹。

⑦ 表示插接器的端子编号，注意相互插接的线束插接器端子编号顺序互为镜像。

⑧ 接地点编号，以 G 开头的序列编号标识。
⑨ 供电类型。
⑩ 导线节点的表示方法。

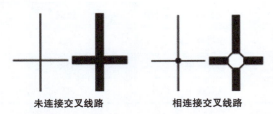

未连接交叉线路　　　　相连接交叉线路

⑪ 熔丝编号由熔丝代码和序列号组成，位于发动机舱的熔丝代码为 EF，室内熔丝代码为 IF。
⑫ 继电器编号，用单个英文字母标识。
⑬ 表示此电路为双绞线（电路线与线之间使用 8 字形标识），主要用于传感器的信号电路或数据通信电路。

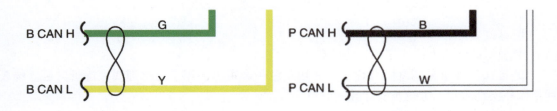

⑭ 线路多页标识。如果一个系统内容较多，线路需要用多页表示时，线路起点用 ▷ 表示，线路到达点则用 ▶ 表示；如一张图中有一条以上的线路转入下页，则分别以 B、C 等字母表示，以此类推。

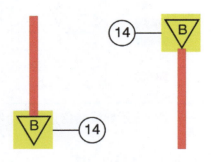

⑮ 端子名称。

2. 吉利帝豪车系电路图图形符号

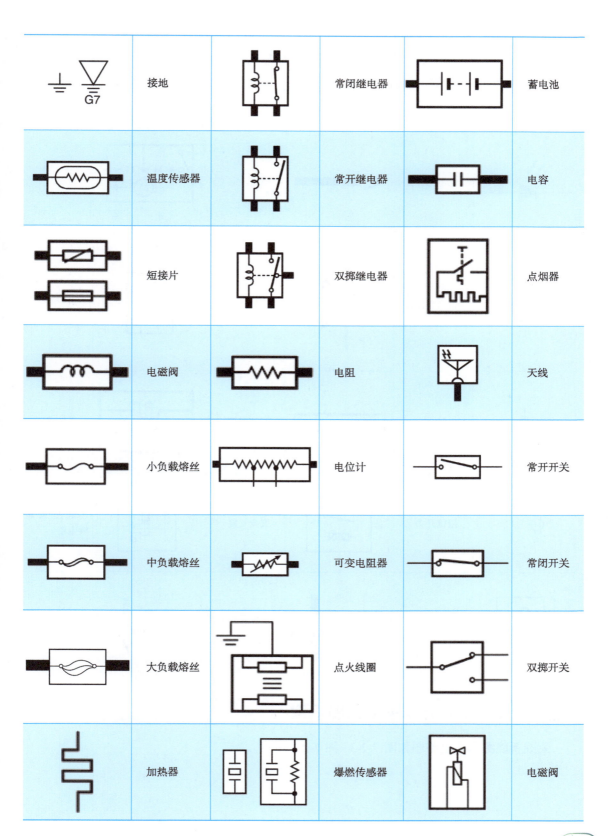

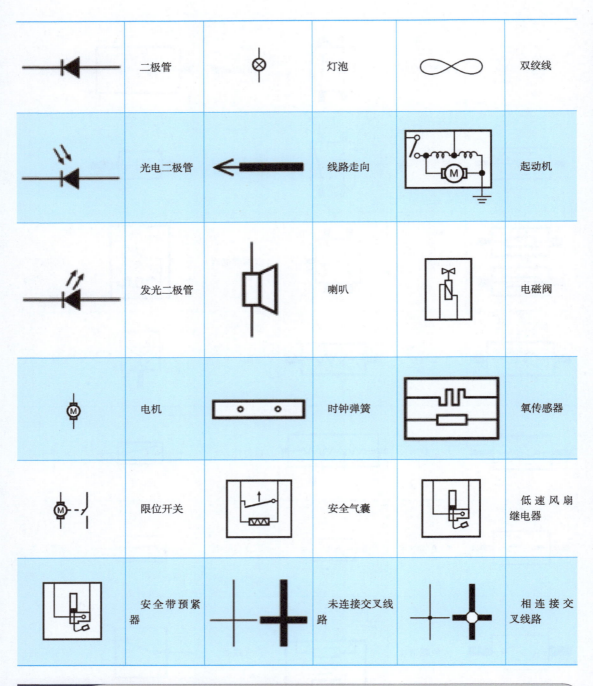

7.2.2 荣威新能源车系电路图识读

荣威新能源车系电路图如图 7-2-3~图 7-2-5 所示。

第 7 章 新能源汽车电气系统

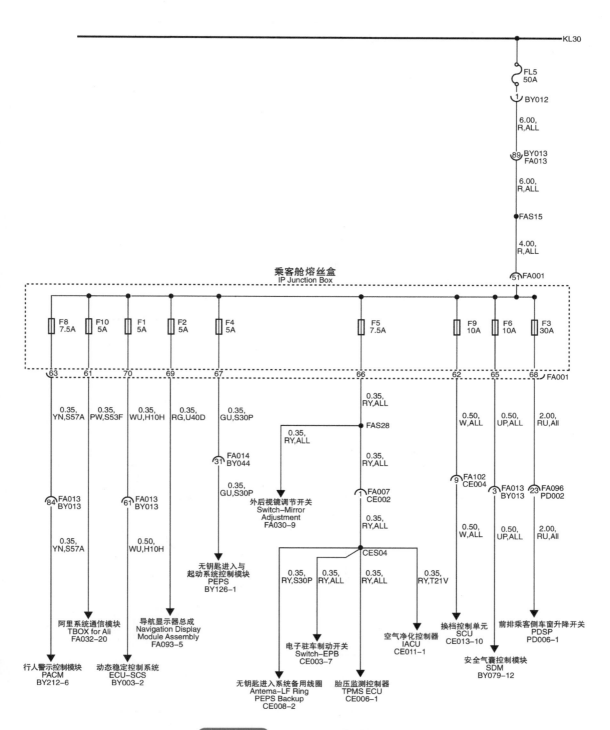

图 7-2-3 荣威新能源车系电路图 1

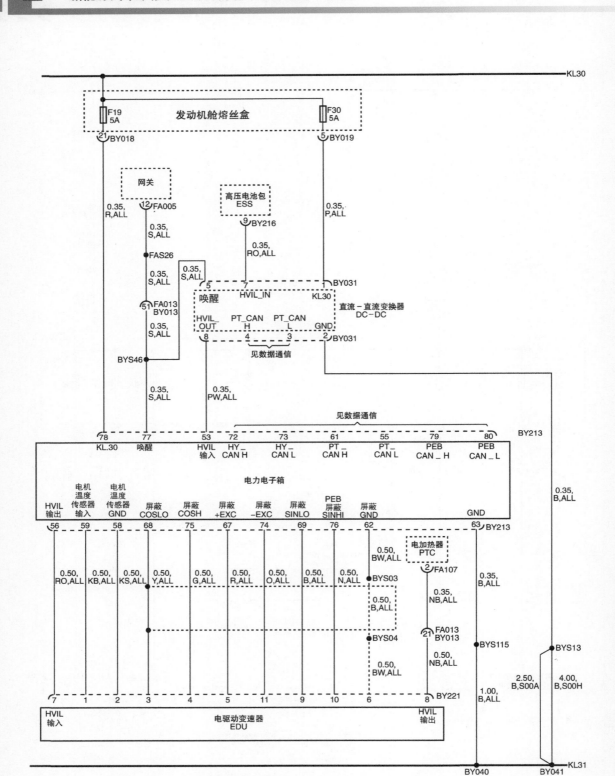

图 7-2-4　荣威新能源车系电路图 2

第7章 新能源汽车电气系统

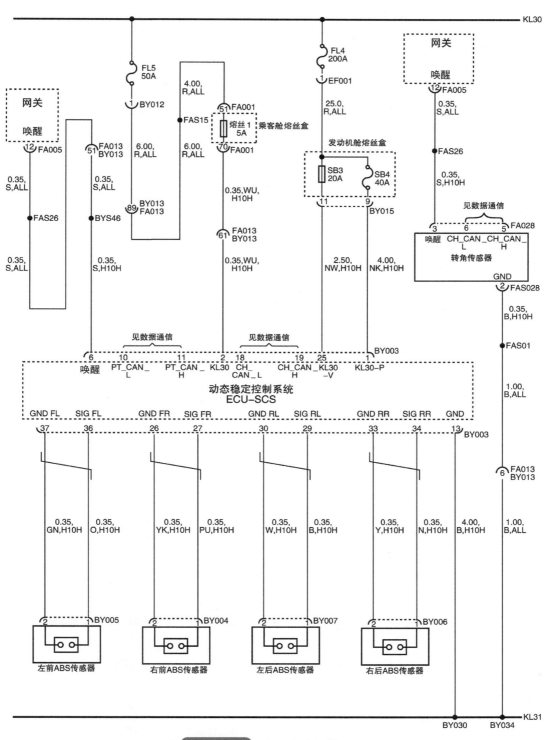

图 7-2-5　荣威新能源车系电路图 3

1. 电源线路功能编号的含义

根据车辆上不同的供电状态,将电源分别编号为 KL30,KL15,KLR,KL50,KL58,KL31。

其中:

"KL30"表示蓄电池电源。

"KL15"表示当点火开关在 ON 位置时的蓄电池电源。

"KLR"表示当点火开关在 ACC 位置时的蓄电池电源。

"KL50"表示当点火开关在 ST 位置时的蓄电池电源。

"KL58"表示灯光控制开关在 1 和 2 位置时的蓄电池电源。

"KL31"表示接地。

2. 电源线路图示

在电路图上,各个电源线路图上标示如下:

```
─────────────────────────── KL30

─────────────────────────── KL15

─────────────────────────── KLR

─────────────────────────── KL50

─────────────────────────── KL58

─────────────────────────── KL31
```

3. 电路图中特殊标志含义

序号	标识	含义
①	1.50,UK.76 ↓ 左前照灯 Headlamp-LH EB002-6	跨页导线 ▼表示该导线此页未完全给出。 EB002-6 表示本导线连接至插接器 EB002,端子编号 6
②	0.35,SCRN.15　0.35,S.15	屏蔽线 电路图中有左侧虚线框的表示屏蔽线

（续）

序号	标识	含义
③	BYS46	分支点 表示电路中各线路支路的连接点，用该线束简称后加 S 及序号定义各分支点。如 BYS46 表示车身线束上第 46 号分支点
④	0.5,N/Dg,12　0.5,N,12	双绞线
⑤	Rear Defogger (Rear Winow) 后除雾（后风窗）　Body control Module 车身控制模块	部件 表示部件的名称和描述，若与部件相连的插接器的端子在该页全部显示出来，用实框表示该部件，否则用虚框表示
⑥	0.75,NK,ALL 发动机ECU ECU-Engine EM028-63	导线属性 导线属性显示在电路图中导线上方，附加的信息（用一个","分开）显示在导线颜色的旁边。 "0.75" 表示导线的截面积，单位是 mm^2； "NK" 表示导线的颜色，如果导线有主要颜色和条纹颜色，则主要颜色放在前面，例如：YR 表示黄色并带有红色条纹。 "ALL" 表示车型配置状况，在此表示适用任何车型

7.3　新能源汽车电动空调、暖风系统

7.3.1　新能源汽车电动空调、暖风系统概述

　　新能源汽车对空调和暖风系统的要求与传统燃油汽车相同。不同的是两者压缩机驱动及制热方式不同。纯电动汽车没有发动机、插电式混动车型发动机不是实时工作的，因此传统燃油车型上的带驱动式空调压缩机无法应用到新能源汽车上。没有了发动机，暖风系

统就没有了热源,因而需要另外形式的制热装置。新能源汽车上普遍采用了电动空调压缩机和 PTC 加热器来分别实现制冷和制热功能。

1. 电动空调压缩机

电动空调压缩机使用小型三相交流发电机驱动压缩机,压缩机类型为涡旋式,压缩机与控制器集成一体,通过电机自身的旋转带动涡旋盘压缩,完成制冷剂的吸入和排出,为制冷循环提供动力。

涡旋式压缩机结构如图 7-3-1 所示,由电机驱动的轴、螺旋形外盘和螺旋形内盘组成。

新能源汽车电动空调系统

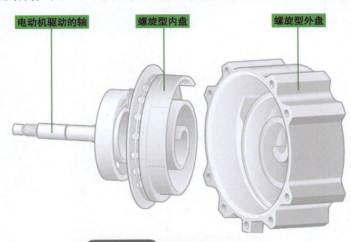

图 7-3-1　涡旋式压缩机结构

涡旋式压缩机工作原理如图 7-3-2 所示。螺旋型内盘由三相交流同步电机通过一个轴驱动并进行偏心旋转。通过固定式螺旋型外盘上的两个开口吸入低温低压气态制冷剂,然后通过两个螺旋型盘的移动使制冷剂压缩、变热。转动三圈后,吸入的制冷剂压缩、变热,可通过外盘中部的开口以气态形式释放。高温高压气态制冷剂从此处经油气分离器向冷凝器方向流至空调压缩机接口。电动制冷剂压缩机最高转速为 8600 r/min,可产生约 3MPa 的最大工作压力。

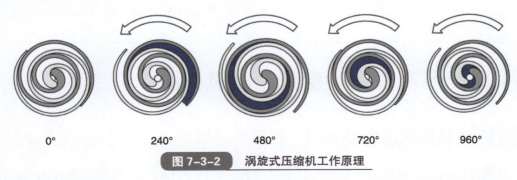

图 7-3-2　涡旋式压缩机工作原理

压缩机控制器与压缩机集成一体,控制器通过 IPM 模块变频调节电动压缩机转速,并且具有过电流、欠电压自动检测和保护功能。

2. PTC 加热器

PTC 是正温度系数的英文缩写。利用发热类 PTC 性能稳定、升温迅速、受电源电压波动影响小等特点制成的加热元件,在新能源汽车暖风系统中得到广泛应用。

PTC 加热器由高压电网供电,整车控制器或空调控制器控制通断。根据空调控制面板输入的制暖信号,起动加热。冷却液被加热后流经加热器芯,鼓风机将热风吹入室内,实现暖风功能。

7.3.2 常见新能源车型空调系统

1. 吉利帝豪 EV450

吉利帝豪 EV450 采用自动空调,室内自动空调面板为乘员舱单温区控制器及动力电池温度控制器,能控制乘员舱的制冷及加热、动力电池的冷却及保温,为乘员舱提供舒适的温度,同时为动力电池提供恒温环境。

空调制冷系统由电动空调压缩机、冷凝器、蒸发器、空调高低压管等组成;暖风系统由 PTC 加热器、热交换器、PTC 加热器水泵等组成,如图 7-3-3 所示,室内空调主机内部透视图如图 7-3-4 所示。

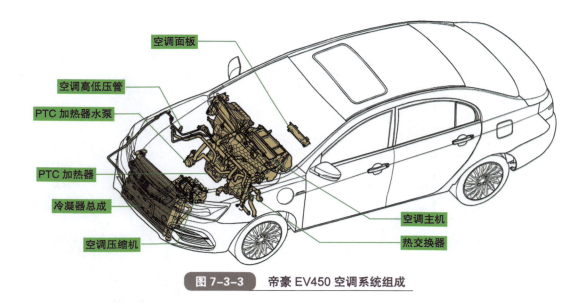

图 7-3-3 帝豪 EV450 空调系统组成

电动空调压缩机高压电范围 200~450V,转速范围 800~9000r/min,泄压阀压力 (3.8±0.3)MPa。加热器由电阻膜和散热元件组成,在一定范围内,加热的功率随电流变化而变化,电阻膜的电阻随温度变化的影响较小,因此电加热器可输出稳定的功率,从而为制热系统提供稳定的热源。加热器加热温度范围 -40~120℃,高压电范围 300~450V。

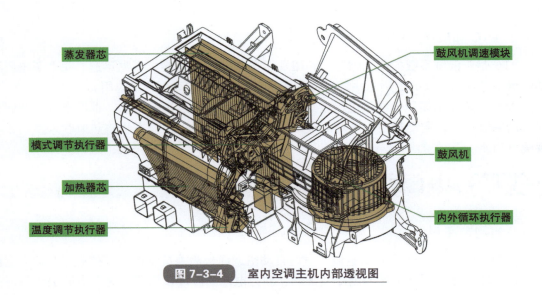

图 7-3-4 室内空调主机内部透视图

2. 比亚迪 e5

比亚迪 e5 空调、暖风系统由电动空调压缩机、冷凝器、空调机总成、制冷管路、PTC 加热器总成、电子风扇、暖风水管、风道、电子膨胀阀、温度压力传感器、压力传感器、空调控制器等零部件组成；具有制冷、采暖、除霜除雾、通风换气等四种功能。比亚迪 e5 空调系统总体构成如图 7-3-5 所示。

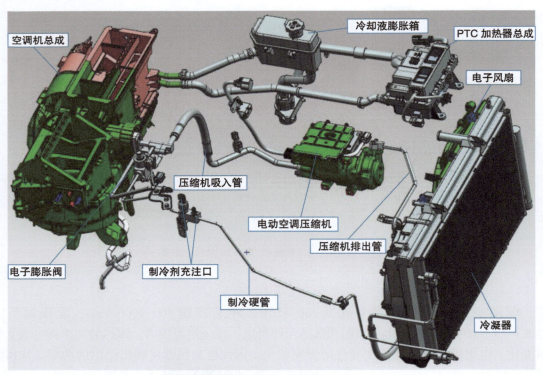

图 7-3-5 比亚迪 e5 空调系统组成

系统特点：系统采用 R410a 冷却液，加注量为 500g，冷冻油为 POE，加注量为 160mL。系统工作时，高压压力 2.0~3.5MPa，低压压力 0.5~1MPa。

电动空调压缩机为涡旋式高压电动空调压缩机，外观及参数见表 7-3-1。暖风系统 PTC 加热器外观及参数见表 7-3-2。

表 7-3-1　电动空调压缩机外观及技术参数

项目	技术参数
排量 /mL	14
转速范围 /（r/min）	960~600
制冷剂	R410a
额定电压 /V	653
冷冻油型号	POE
IPM 温度保护范围	118℃停机
功率保护范围	5.5kW 降速保护，6.1kW 停机

表 7-3-2　PTC 加热器外观及技术参数

项目	技术参数
额定电压 /V	640
工作电压范围 /V	396~752
功率 /kW	5 ± 0.4
绝缘等级	AC(2200 ± 20)V 漏电电流 < 5mA AC(1000 ± 20)V 绝缘阻值 > 50MΩ
重量 /kg	3.97kg
低压工作范围 /V	9~16V

7.4　新能源汽车电动转向系统

新能源汽车普遍采用了电动转向系统。传统燃油车型的动力转向泵由发动机驱动，而新能源汽车动力转向泵采用电动方式驱动，同时转向柱安装有转矩或转角传感器。电动助力系统直接提供转向助力，省去了液压助力转向系统所必需的动力转向泵、软管、液压油和装于传统发动机上的带轮。电动转向系统基本组成如图 7-4-1 所示。

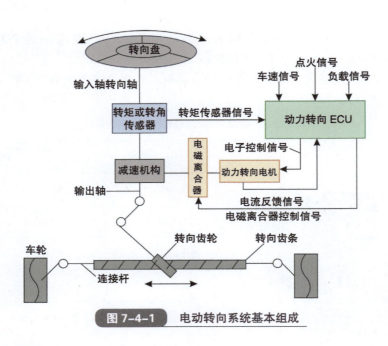

图 7-4-1　电动转向系统基本组成

1. 转角传感器

转角传感器一般安装在安全气囊时钟弹簧的后面，传感器固定在转向盘后端的转向柱上，将转向盘的转向角度信号传递给动力转向控制单元。转角传感器如图 7-4-2 所示。

2. 转矩传感器

转矩传感器检测转向盘的转矩并将转矩信号传递给动力转向控制单元。转矩传感器如图 7-4-3 所示。

3. 动力转向电机

动力转向电机由直流电机和减速器组成，安装在转向柱或转向机壳体上。动力转向电机一般采用直流电机，由转子、定子和电动机轴组成。电机产生的转矩通过联轴节传递给蜗杆，转矩通过蜗杆传递到转向柱。动力转向电机如图 7-4-4 所示。

新能源汽车电动转向系统

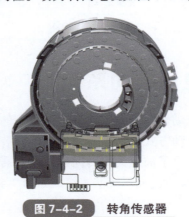

图 7-4-2　转角传感器

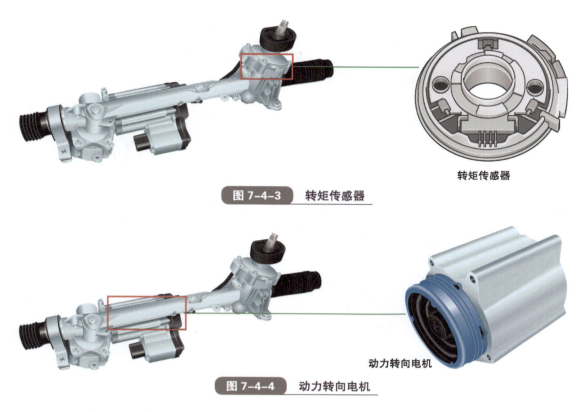

图 7-4-3　转矩传感器

图 7-4-4　动力转向电机

4. 动力转向 ECU

动力转向 ECU 一般直接和动力转向电机安装在一起。动力转向 ECU 接收各传感器的信号，判断车辆当前的状况，并测定施加到动力转向电机上相应助力电流。动力转向 ECU 如图 7-4-5 所示。

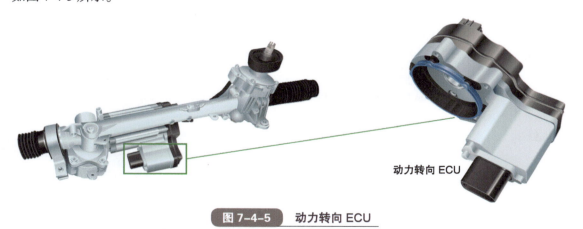

图 7-4-5　动力转向 ECU

吉利帝豪 EV450 电动转向系统由转向盘、动力转向电机、动力转向 ECU、转角传感器、方向机等组成，如图 7-4-6 所示。

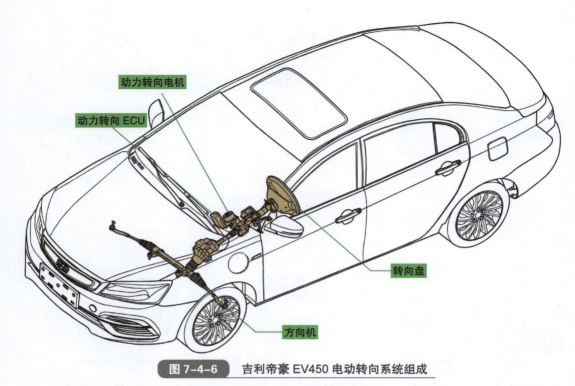

图 7-4-6 吉利帝豪 EV450 电动转向系统组成

电动转向系统的转矩转角传感器安装在带中间轴总成的转向管柱上，同时还装有动力转向电机和减速机构。组合仪表上有电动转向警告灯，在电动转向系统发生故障时，警告灯点亮。

电动转向系统各零部件的作用见表 7-4-1。

表 7-4-1 电动转向系统各零部件的作用

零部件		功能
转矩转角传感器	带中间轴总成的电动转向管柱	根据扭杆的扭转变形量，输出转矩和转角信号
动力转向电机		根据从电动转向 ECU 接收到的信号产生助力
减速机构		通过使用涡轮和齿轮降低助力电动机速度，并使其传输到转向管柱下轴
动力转向 ECU		根据转矩、转角、车速以及其他相关输入信号，计算助力电流并输出至动力转向电机
警告灯		在检测到电动转向故障时亮起以警告驾驶员
组合仪表		显示警告信息，以在检测到电动转向故障时警告驾驶员

电动转向系统故障症状及应对措施见表 7-4-2。

表 7-4-2　电动转向系统故障症状及应对措施

症状	怀疑部位	措施
转向盘松动	① 转向盘固定螺母（松动/损坏）	紧固或更换螺母
	② 电动助力转向管柱总成系统的连接螺栓（松动/损坏）	紧固或更换螺栓
	③ 中间轴万向节（磨损）	中间轴总成
	④ 转向盘花键套（磨损）	更换转向盘
	⑤ 转向管柱花键轴（磨损）	更换转向管柱
	⑥ 中间轴花键套/轴（磨损）	更换中间轴
	⑦ 机械转向器带横拉杆总成	修理或更换动力转向器带横拉杆总成
电动助力转向管柱总成松动	① 电动助力转向管柱安装螺栓（松动/损坏）	紧固或更换
	② 电动助力转向管柱总成安装支座（损坏）	更换仪表台托架
	③ 电动助力转向管柱总成（损坏）	更换电动助力转向管柱总成
电动助力转向管柱总成内有噪声	① 电动助力转向管柱总成安装螺栓（松动/损坏）	紧固或更换
	② 安全气囊时钟弹簧（松动/损坏）	重新安装或更换时钟弹簧
	③ 电动助力转向管柱总成系统的连接螺栓（松动/损坏）	紧固或更换螺栓
	④ 电动助力转向管柱总成系统的连接螺栓（松动/损坏）	更换电动助力转向管柱总成
	⑤ 中间轴万向节（缺少润滑/磨损）	涂抹润滑脂或更换中间轴
转向管柱倾角调节功能不正常	① 转向管柱倾斜锁止块（卡住）	清理杂质、除锈润滑锁止块或更换转向管柱
	② 转向管柱倾角调节手柄（松动/损坏）	紧固固定螺母或更换把手
	③ 转向管柱倾斜弹簧（无力/损坏）	重新安装或更换弹簧
	④ 电动助力转向管柱总成倾斜枢轴（锈蚀/损坏）	除锈润滑或更换电动助力转向管柱总成

参考文献

[1] 王永富，陈泽宇，周楠. 新能源汽车技术 [M]. 北京：科学出版社，2018.

[2] 王震坡，孙逢春，刘鹏. 电动汽车原理与应用技术 [M]. 2版. 北京：机械工业出版社，2016.

[3] 赵航，史广奎. 混合动力汽车技术 [M]. 北京：机械工业出版社，2012.

[4] 张利，缑庆伟. 新能源汽车驱动电机与控制技术 [M]. 北京：人民交通出版社股份有限公司，2018.

[5] 唐勇，王亮. 新能源汽车电气技术 [M]. 北京：人民交通出版社股份有限公司，2017.

[6] 曾鑫，刘涛. 新能源汽车动力电池与驱动电机 [M]. 北京：人民交通出版社股份有限公司，2017.

[7] 缑庆伟，李卓. 新能源汽车原理与检修 [M]. 北京：机械工业出版社，2016.

[8] 肖如泉，王诗雪，何金良，等. 高压电工基础 [M]. 北京：中国水利水电出版社，2013.

[9] 黄志坚. 电动汽车结构、原理、应用 [M]. 北京：化学工业出版社，2014.

[10] 李伟. 新能源汽车构造原理与故障检修 [M]. 北京：化学工业出版社，2015.

[11] 吕东明，杨运来. 新能源汽车电机及控制系统检修 [M]. 北京：机械工业出版社，2018.

[12] 黄文进，尹爱华. 新能源汽车电学基础与高压安全 [M]. 北京：机械工业出版社，2018.

[13] 吴书龙，何宇漾. 新能源汽车电气技术 [M]. 北京：机械工业出版社，2018.

[14] 张振文. 电工手册 [M]. 北京：化学工业出版社，2017.

[15] 崔胜民. 新能源汽车技术解析 [M]. 北京：化学工业出版社，2016.